PPP模式理论与实务系列丛书

"一带一路" PPP项目 运作实务

陈青松 徐智涌 赵朴花 潘敬锋 编著

投资热点 · 风险防范 · 落地案例

经济管理出版社
ECONOMY & MANAGEMENT PUBLISHING HOUSE

图书在版编目（CIP）数据

"一带一路" PPP 项目运作实务/陈青松等编著 . —北京：经济管理出版社，2018. 12
ISBN 978 – 7 – 5096 – 6204 – 5

Ⅰ.①—… Ⅱ.①陈… Ⅲ.①"一带一路"—国际合作—研究 ②政府投资—合作—社会资本—研究 Ⅳ.①F125 ②F830.59 ③F014.39

中国版本图书馆 CIP 数据核字（2018）第 282189 号

组稿编辑：申桂萍
责任编辑：刘　宏
责任印制：黄章平
责任校对：王淑卿

出版发行：经济管理出版社
　　　　（北京市海淀区北蜂窝 8 号中雅大厦 A 座 11 层　100038）
网　　址：www. E – mp. com. cn
电　　话：（010）51915602
印　　刷：三河市延风印装有限公司
经　　销：新华书店
开　　本：720mm×1000mm/16
印　　张：13.75
字　　数：231 千字
版　　次：2019 年 2 月第 1 版　　2019 年 2 月第 1 次印刷
书　　号：ISBN 978 – 7 – 5096 – 6204 – 5
定　　价：49.00 元

前　言

　　"一带一路"是"丝绸之路经济带"和"21世纪海上丝绸之路"的简称。"一带一路"倡议旨在打破原有点状、块状的区域发展模式，从海至陆，从纵到横，贯通我国东中西部和主要沿海港口城市，进而连接起亚太和欧洲两大经济圈，实现沿线国家和地区全方位、立体化、网络状的"大概念联通"。"一带一路"倡议旨在借用古代丝绸之路的历史符号，高举和平发展的旗帜，积极发展与沿线国家的经济合作伙伴关系，共同打造政治互信、经济融合、文化包容的利益共同体、命运共同体和责任共同体。

　　在经历了改革开放以来的经济腾飞之后，我国迎来"资本输出时代"。而"一带一路"倡议通过政策沟通、设施联通、贸易畅通、资金融通、民心相通这"五通"把我国强大的产品制造能力与沿线国家巨大的市场需求联系起来，从而让沿线国家共享中国经济技术的发展成果。

　　"一带一路"倡议征程已然开启，基础设施建设是沿线国家和地区最为迫切的需求之一。最主要的原因是沿线很多都是发展中国家，相比世界上其他国家尤其是欧美发达国家，经济水平较低，基础设施较为薄弱。根据世界银行的数据测算，包括中国在内的"一带一路"沿线国家对基建的需求每年超过1万亿美元，亚洲开发银行报告指出，2016～2030年，亚洲基础设施建设投资需求将超过26万亿美元，年均1.7万亿美元，该数据是亚洲开发银行2009年发布的同类预测数字的两倍多。

　　然而，基础设施建设项目如何落地以及如何为项目提供强有力的资金保障成为现实难题。数据显示，"一带一路"沿线多个国家和地区未来每年的投资需求巨大，而无论是沿线国家的经济实力还是国际金融机构，都远不能满足如此巨量的资金需求，也就是说沿线国家基础设施建设的资金缺口相当大。在此背景下，兼具资金、技术、管理等多种优势的政府和社会资本合作（PPP）成为沿线各国现实的选择。

PPP 模式在政府和社会资本之间建立起合作伙伴关系：一方面，可以缓解政府财政资金压力；另一方面，可以提高建设项目的建设和运营效率。显然，"一带一路"沿线国家大力推广 PPP 模式，充分发挥 PPP 模式的诸多优势，将有助于加快"一带一路"建设：弥补"一带一路"沿线国家资金缺口，缓解政府财政压力；提高沿线国家基础设施的建设和运营效率；拉动沿线国家经济增长，解决项目所在国劳动力就业难题；为包括中国企业在内的国内和国际社会资本提供投资新机遇；提升全球资本配置效率；等等。

近年来，在"走出去"的经济背景下，我国各类社会资本尤其是央企走出国门，开始以 PPP 模式唱响"一带一路"基础设施建设的主旋律。

需要重点指出的是，"一带一路"倡议涉及多个国家和地区，且各个国家和地区无论是经济发展水平、法律环境，还是人文环境、地理条件均不相同，风险因素复杂多样。不仅如此，PPP 模式本身也存在多方面的风险因素。多方风险因素叠加之下，"一带一路"PPP 项目错综复杂，这对投资"一带一路"PPP 项目的国内国际社会资本提出了严峻的挑战。

因此，对于以 PPP 模式投资"一带一路"的中国企业而言，需要规避各类风险、掌握国际法律法规，提高自身的国际化水平和能力，从而更好地开拓"一带一路"PPP 市场。

笔者既具有丰富的 PPP 理论和实践操作经验，又对"一带一路"的经济社会背景有着深入的研究，而且还成功操作过多起"一带一路"PPP 项目案例，对操作"一带一路"PPP 项目有着独特的见解和思考。

本书重点分析了"一带一路"倡议的重要意义、采取 PPP 模式对"一带一路"建设的促进作用、"一带一路"重要合作领域的风险防范、如何促进"一带一路"PPP 加速发展。此外，本书还针对如何操作"一带一路"PPP 项目提出了系统性的建议和意见。

本书将"一带一路"PPP 实践案例融合到理论中，让读者能够更深刻地理解和借鉴。

　　本书可以作为政府主管和决策部门、各类社会资本、金融机构、社会中介机构等 PPP 模式主体和研究、操作"一带一路" PPP 项目的专业人士参考。

陈青松　徐智涌　赵朴花　潘敬锋

2018 年 10 月 1 日

目 录

第一章

PPP 模式助推中国企业开拓"一带一路"市场

"一带一路"倡议的意义与机遇

2000 年，党中央首次确立"走出去"战略。随后的"十五"规划、"十一五"规划、"十二五"规划和"十三五"规划都将中国企业"走出去"作为新时期新阶段深化对外开放的重要举措。2013 年，我国又提出建设"丝绸之路经济带"和"21 世纪海上丝绸之路"的倡议。

1. "一带一路"倡议的重要意义

"一带一路"是"丝绸之路经济带"和"21 世纪海上丝绸之路"的简称。2013 年，习近平主席先后提出共建"丝绸之路经济带"与"21 世纪海上丝绸之路"构想。作为新时代"走出去"的国家大战略，"一带一路"旨在打破原有点状、块状的区域发展模式，从海至陆，从纵到横，贯通我国东中西部和主要沿海港口城市，进而连接起亚太和欧洲两大经济圈，实现沿线国家和地区全方位、立体化、网络状的"大概念联通"。"一带一路"旨在借用古代丝绸之路的历史符号，高举和平发展的旗帜，积极发展与沿线国家的经济合作伙伴关系，共同打造政治互信、经济融合、文化包容的利益共同体、命运共同体和责任共同体。

经过 40 年的改革开放，我国经济飞速发展，经济总量位居世界第二，在进出口贸易、外汇储备和外商投资额这三项经济指标上都高居世界第一。据统计，我国对外投资额已经超过利用外资额,成为资本净输出国。根据联合国贸发会议《世界投资报告 2017》统计,2016 年全球外国投资流量为 1.45 万亿美元,同比下降 8.9%,而中国继续蝉联全球第二大对外投资国地位,在全球对外投资中表现强劲,全年对外投资流量 1961.5 亿美元,同比增长 34.7%,占全球对外投资流量的 13.5%,比重首超一成,成为国际投资大国。① 不仅如此,在"一带一路"倡议的引导下,中国企业加快国际化步伐,2017 年全年,商务部和省级商务主管部门共备案和核准了境外投资企业 6172 家,中国常年驻外工作人员达 100万人,企业国际化水平显著提升。

分析指出,"一带一路"倡议把我国强大的投资能力、产品制造能力与沿线相关国家的巨大市场需求联系起来,通过政策沟通、设施联通、贸易畅通、资金融通、民心相通这"五通",将我国优质产能输送到沿线国家,让世界共享中国经济发展的成果。

据介绍,"一带一路"涉及 65 个国家和地区,除中国外,还包括东亚的蒙古国,东盟 10 国(新加坡、马来西亚、印度尼西亚、缅甸、泰国、老挝、柬埔寨、越南、文莱和菲律宾),西亚 18 国(伊朗、伊拉克、土耳其、叙利亚、约旦、黎巴嫩、以色列、巴勒斯坦、沙特阿拉伯、也门、阿曼、阿联酋、卡塔尔、科威特、巴林、希腊、塞浦路斯和埃及的西奈半岛),南亚 8 国(印度、巴基斯坦、孟加拉、阿富汗、斯里兰卡、马尔代夫、尼泊尔和不丹),中亚 5 国(哈萨克斯坦、乌兹别克斯坦、土库曼斯坦、塔吉克斯坦和吉尔吉斯斯坦),独联体 7 国(俄罗斯、乌克兰、白俄罗斯、格鲁吉亚、阿塞拜疆、亚美尼亚和摩尔多瓦)和中东欧 16 国(波兰、立陶宛、爱沙尼亚、拉脱维亚、捷克、斯洛伐克、匈牙利、斯洛文尼亚、克罗地亚、波黑、黑山、塞尔维亚、阿尔巴尼亚、罗马尼亚、保加利亚和马其顿)。

---

① 自 2015 年,中国对外直接投资(ODI)首次超过中国实际使用外资(FDI)金额后,中国已经成为双向直接投资项目下的资本净输出国。2016 年,中国 ODI 与 FDI 的差距进一步拉开,资本净输出 624.5亿美元。

2. 促进经济发展

专家分析指出，由于地理位置和改革开放程度等原因，我国东西部地区经济发展存在很大的差距，广大中西部地区经济发展缓慢，与东部沿海地区差距较大。我国西部地区多是少数民族的聚居地，必须大力发展经济，提高当地居民生活水平，增强民族的凝聚力，保障地区稳定与繁荣。"一带一路"特别是"丝绸之路经济带"建设旨在加强与中亚、西亚、南亚地区国家之间的交流与合作，特别是中巴经济走廊建设贯通之后，中国中西部地区的物资出口可以通过中巴经济走廊到达瓜达尔港直接进入海路运输，从而节约从中国中西部地区到达东南沿海的运输费用。"丝绸之路经济带"的建设，是我国中西部地区发展的一个契机。

在"一带一路"战略的实施下，中国与"一带一路"沿线国家积极合作，努力消除贸易壁垒，中国不仅可以输出物美价廉的日常用品，还可以向世界提供更多的技术和制造设备。2013～2017 年，中国与"一带一路"国家贸易占中国对外贸易比重总体保持增长，增速高于中国对外整体增速（见图 1－1、图 1－2、图 1－3）。

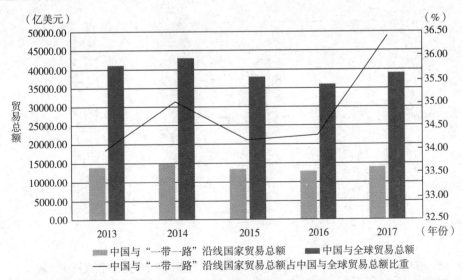

图 1－1　2013～2017 年中国与"一带一路"沿线国家和与全球贸易总额及占比情况

资料来源：海关总署。

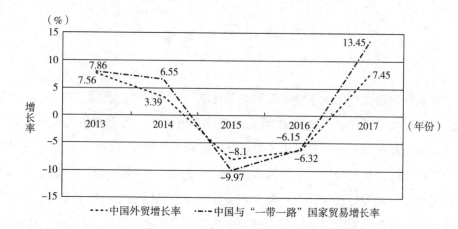

图 1-2　2013~2017 年中国与"一带一路"沿线国家贸易
增长率与中国外贸增长率对比

资料来源：海关总署。

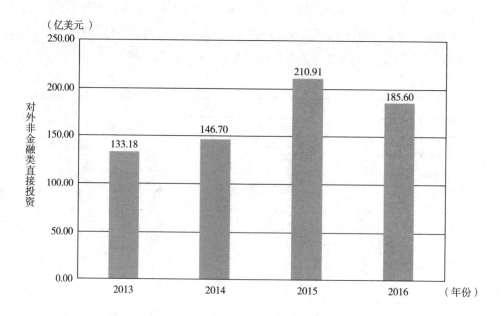

图 1-3　2013~2016 年中国对"一带一路"沿线国家非金融类直接投资流量

资料来源：《2016 年度中国对外直接投资统计公报》。

3. "一带一路"推进时间表

梳理发现,"一带一路"倡议的提出和落地有着清晰的时间表(见表1-1)。

表1-1　"一带一路"倡议进展情况

时间	重要事件
2013 年 9 月 7 日	习近平访问哈萨克斯坦时提出,用创新的合作模式,共同建设"丝绸之路经济带",以点带面,从线到片,逐步形成区域大合作。这是中国领导人首次在国际场合公开提出共同建设"丝绸之路经济带"的重大战略构想
2013 年 10 月 3 日	习近平在印度尼西亚国会发表演讲时提出,中国致力于加强同东盟国家互联互通建设,倡议筹建亚洲基础设施投资银行,愿同东盟国家发展好海洋合作伙伴关系,共同建设21 世纪"海上丝绸之路"
2013 年 12 月	习近平在中央经济工作会议上提出,推进"丝绸之路经济带"建设,抓紧制定战略规划,加强基础设施互联互通建设。建设"21 世纪海上丝绸之路",加强海上通道互联互通建设,拉紧相互利益纽带
2014 年 2 月	国家主席习近平与俄罗斯总统普京就建设"丝绸之路经济带"和"海上丝绸之路",以及俄罗斯跨欧亚铁路与"一带一路"的对接达成了共识
2014 年	习近平先后访问了 13 个周边国家,足迹遍及中亚、东南亚、东北亚、南亚等周边次区域,"一带一路"从构想迈入"务实合作阶段"
2014 年 3 月	李克强在《政府工作报告》中提出,抓紧规划建设丝绸之路经济带、21 世纪海上丝绸之路
2014 年 11 月	习近平在中央财经领导小组第八次会议中强调,加快推进丝绸之路经济带和21 世纪海上丝绸之路建设
2014 年 11 月	习近平在 2014 年中国 APEC 峰会上宣布,中国将出资 400 亿美元成立丝路基金,为"一带一路"沿线国家基础设施建设、资源开发、产业合作等有关项目提供投融资支持。同时,亚洲基础设施投资银行筹建工作已经迈出实质性的一步,创始成员国不久前在北京签署了政府间谅解备忘录
2014 年 12 月	2014 年中央经济工作会议提出优化经济发展空间格局。要重点实施"一带一路"、京津冀协同发展、长江经济带三大战略,争取 2015 年有个良好开局

续表

时间	重要事件
2015 年 2 月	国家"一带一路"建设工作会议在北京召开,对重大事项和重点工作进行部署
2015 年 3 月	李克强在《政府工作报告》中三次提及"一带一路","一带一路"成为了当年"两会"出现频率最高的词
2015 年 3 月	"一带一路"的愿景与行动文件发布。习近平在博鳌亚洲论坛 2015 年会发表主旨演讲时对"一带一路"做了重点阐释
2015 年 3 月	国家发改委、外交部和商务部共同发布了《推动共建丝绸之路经济带和 21 世纪海上丝绸之路的愿景与行动》的文件
2015 年 11 月	结合"一带一路"合作倡议和《中欧合作 2020 战略规划》,中国同中东欧 16 国共同发表《中国—中东欧国家中期合作规划》,推动"16 + 1 合作"提质增效
2016 年 8 月	习近平在推进"一带一路"建设工作座谈会上称,已经有 100 多个国家和国际组织参与其中,我们同 30 多个沿线国家签署了共建"一带一路"合作协议、同 20 多个国家开展国际产能合作,联合国等国际组织也态度积极
2017 年 5 月 14 ~ 15 日	"一带一路"国际合作高峰论坛在北京举行

"一带一路"建设资金缺口较大

随着"一带一路"倡议的深入推进，中国企业"走出去"意愿日益强烈，对外合作步伐逐步加快。近几年，中国与沿线国家携手发展，打造了一个又一个大工程、大项目，如埃塞俄比亚亚吉铁路、柬埔寨暹粒吴哥国际新机场、巴基斯坦卡西姆港燃煤电站、巴西美丽山水电特高压直流输电二期等项目都是"一带一路"建设造福沿线国家人民的缩影。

1. "一带一路"进入全面合作阶段

自 2013 年以来，"一带一路"建设从无到有、由点及面，进度和成果超出预期：一是完成了一套顶层设计。2015 年 3 月对外公布了《推动共建丝绸之路经济带和 21 世纪海上丝绸之路的愿景与行动》，阐述了我国对"一带一路"倡议的具体思路和设想，做出了我国推进"一带一路"建设的总体安排。二是形成了一系列国际共识。目前，已有 100 多个国家和国际组织表达了对"一带一路"建设的支持和参与意愿，80 多个国家和国际组织已同中国签署合作协议。我国同沿线国家和国际组织签署了 40 多份共建"一带一路"合作备忘录或协议，与其中部分国家积极推进编制双边合作规划纲要。三是建立了一套支撑保障体系。成立了推进"一带一路"建设工作领导小组。有关部门普遍建立了工作领导机制，一批专项规划编制工作已经启动。四是采取了一系列重大举措。成立了亚洲基础设施投资银行，设立了专门支持"一带一路"建设的丝路基金，扩大了外经贸发展专项资金和优惠性质贷款规模，积极做好面向企业的政策指导、信息服务工作。五是取得了一批重要的早期成效。例如，中巴经济走廊①建设成效初显，合作签约金额近460亿美元。

公开数据显示，2015年中国企业共对"一带一路"相关的49个国家进行了直接投资，投资额合计148.2亿美元，同比增长18.2%，占总额的12.6%，投资主要流向新加坡、哈萨克斯坦、老挝、印尼、俄罗斯和泰国等。2015年，中国企业在"一带一路"相关的60个国家新签对外承包工程项目合同3987份，新签合同额926.4亿美元，占同期我国对外承包工程新签合同额的44.1%，同比增长7.4%；完成营业额692.6亿美元，占同期总额的45%，同比增长7.6%。2017年，中国企业共对"一带一路"沿线59个国家非金融类直接投资143.6亿美元，占同期总额的12%，较上年提升了3.5个百分点，主要投向新加坡、马来西亚、老挝、印度尼西亚、巴基斯坦、越南、俄罗斯、阿联酋和柬埔寨等国家。对"一带一路"沿线国家实施并购62起，投资额88亿美元，同比增长32.5%。此外，"一带一路"经贸合作成效也较为明显，2017年中国与沿线国家贸易额7.4万亿元人民币，同比增长17.8%。重大项目持续推进，东非铁路网起始段肯尼亚蒙内铁路竣工通车，中老铁路首条隧道全线贯通，中泰铁路一期工程开工建设，匈塞铁路、卡拉奇高速公路等项目进展顺利。

2018年6月，亚洲基础设施投资银行进行最新一次扩容，亚投行成员总数将增至87个，遍布全球各大洲；"蓝色经济通道""冰上丝绸之路""空中丝绸之路""数字丝绸之路"……一条条共筑梦想的纽带多元联动，为推进"一带一路"建设开辟更加光明的前景。

---

① 中巴经济走廊是中国与巴基斯坦共建的重要项目之一，也是中国国家主席习近平提出"一带一路"倡议的重要部分。中巴经济走廊体现了中巴两国互惠互利、谋求地区繁荣的共同梦想，是促进两国经济发展的催化剂。中巴经济走廊是一条长约2700千米，包括公路、铁路、油气和光缆通道在内的贸易走廊。它将中国的新疆与巴基斯坦的瓜达尔港连接起来，是"一带一路"南缘的重要节点。走廊于2013年开始启动建设。2015年，双方确定以走廊建设为中心，以瓜达尔港、能源、交通基础设施、产业合作为重点的"1+4"合作布局。目前，走廊各项建设稳步推进。

2. "一带一路"基建每年超过万亿美元，资金缺口巨大

调研发现，"一带一路"沿线涉及60多个国家，且多数为发展中国家，铁路、公路、机场、水库、港口等基础设施较为薄弱，可以说，基础设施建设是"一带一路"沿线国家最基本、最迫切的现实需求之一。以总体基建投入约占GDP的5%估算，根据世界银行的数据测算，2015年包括中国在内的"一带一路"沿线国家GDP约为24.86万亿美元，对基建的需求每年约为1.24万亿美元。

亚洲开发银行《满足亚洲基础设施建设需求》报告指出，到2030年，亚洲基础设施建设需求总计将超过22.6万亿美元（每年1.5万亿美元）。若将气候变化减缓和适应成本考虑在内，此预测数据将提高到26万亿美元（每年1.7万亿美元）。数据显示，除中国外，"一带一路"其他60多个国家和地区未来每年投资需求达到8000亿美元。

"一带一路"沿线很多都是发展中国家，财政压力较大，基础设施投资严重不足。国际金融机构中，亚洲开发银行和世界银行每年只能筹到240亿美元，通过亚洲基础设施投资银行每年可融到4000亿美元，即使再加上丝路基金，也远远无法满足"一带一路"基础设施建设的资金需求。

具体来说，目前"一带一路"融资来源主要包括"四大资金池"：一是亚洲基础设施投资银行，资本规模1000亿美元，其中中国出资400亿美元；二是丝路基金，首期规模为400亿美元，资金来源为外汇储备、中国投资公司、中国进出口银行、国开金融，资本比例分别为65%、15%、15%、5%；三是金砖国家新开发银行，资本金规模1000亿美元；四是上合组织开发银行。如表1-2所示。

研究发现，上述"四大资金池"基本做到了对"一带一路"沿线国家和地区的全面覆盖：亚洲基础设施投资银行是"一带一路"倡议的重要支撑，截至

2018 年 6 月，该行已拥有 87 个正式成员国，与"一带一路"沿线国家在地理位置上存在较大程度的重合，从而满足"一带一路"建设的资金需求；丝路基金是"一带一路"建设最重要的资金来源，截至 2017 年 12 月，丝路基金已经签约 17 个项目，承诺投资约 70 亿美元，支持的项目所涉及的总投资额达 800 多亿美元；金砖国家新开发银行成立近两年，就已在成员国中批准了规模约 15 亿美元的 7 个贷款项目，主要投资领域为交通、城建等基础设施建设和绿色能源等。

表 1-2 "一带一路"四大资金池

资金名称	性质	投向	定位	初始投入
亚洲基础设施投资银行	区域多边金融开发机构	签署《筹建亚投行备忘录》的 24 个成员国	基础设施建设	法定资本为 1000 亿美元
丝路基金	主权投资基金	"一带一路"沿线国家、地区	基础设施、资源开发、产业合作和金融合作等	总规模 400 亿美元，首期资本金 100 亿美元中，初定由外汇储备出资 65%，中国投资公司和中国进出口银行各出资 15%，国开金融出资 5%
金砖国家新开发银行	区域多边金融开发机构	五个金砖国家：巴西、俄罗斯、印度、中国、南非	基础设施建设	初始资本为 1000 亿美元，由五个创始成员国平均出资
上合组织开发银行	区域多边金融开发机构	六个上合组织成员国：中国、俄罗斯联邦、哈萨克斯坦、吉尔吉斯斯坦、塔吉克斯坦、乌兹别克斯坦	上合组织间能源、交通和现代信息技术领域示范性项目	

资料来源：招商证券。

据统计，上述各种资金向"一带一路"沿线国家基础设施建设提供的融资规模为 3500 亿美元左右，仍远不能满足融资需求。此外，目前"一带一路"尚未形成统一的金融互联互通机制，包括亚洲基础设施投资银行、丝路基金、金砖国家新开发银行在内的金融机构联通较少，暂时还无法发挥金融的最大效益。

"一带一路" 与 PPP 模式契合

1. 合作主体相同

在"一带一路"倡议下，沿线国家通过建设一个个具体的项目，以拉动本国经济增长，实现沿线国家共同发展和繁荣的伟大构想。

"一带一路"沿线国家的具体项目需要各国政府、各类社会资本和各类金融机构等各方紧密合作，这样就有各类合作主体。实践中，"一带一路"建设涉及的主体主要有：沿线国家政府、各类社会资本（包括项目东道国的社会资本和外方社会资本）、各类金融机构（如亚洲基础设施投资银行、丝路基金、金砖国家新开发银行、上合组织开发银行、亚洲开发银行、世界银行等）、各类建设企业、运营机构和项目所在地居民等。

"一带一路"项目合作主体呈现多样化的特点：第一种是一国政府与本国社会资本之间的合作；第二种是一国政府与另一国政府之间的合作；第三种是一国政府与另一国社会资本（主要是产业资本）之间的合作；第四种是一国社会资本与另一国社会资本之间的合作（此种方式主要是社会资本之间形成联合体，共同与一国政府进行合作）。

而在 PPP 模式下，合作主体主要为"一带一路"沿线项目东道国政府与包括外方在内的各类社会资本、国内国际金融机构、建设企业、运营公司和项目所在地的居民等。

可以说，"一带一路"与 PPP 模式中的合作主体相同。

2. "一带一路"重点项目与项目的主要应用一致

"一带一路"重点项目主要集中在基础设施建设领域和公共服务领域，而 PPP 模式的主要应用领域为基础设施建设和公共服务。因此，"一带一路"与 PPP 模式重点领域一致。

2013 年 9 月，上海合作组织比什凯克峰会提出，构建"丝绸之路经济带"要创新合作模式，加强"五通"，即政策沟通、道路联通、贸易畅通、货币流通和民心相通。分析指出，"设施联通"涵盖了交通基础设施、能源等行业，"贸易相通"涉及新能源、电子商务等领域，"民心相通"包括科技教育、文化旅游等项目内容，这些项目大都属于基建设施和公共产品服务领域，而这些正是 PPP 模式所涵盖的两个主要领域。

2015 年 3 月，国家发改委、外交部、商务部联合发布的《推动共建丝绸之路经济带和 21 世纪海上丝绸之路的愿景与行动》强调政策沟通、设施联通、贸易畅通、资金融通和民心相通。其中，"设施联通"和"民心相通"包含铁路、公路、港口、水利、电信、能源、科技、教育、文化、旅游等项目内容。进一步而言，"一带一路"建设的重点项目主要集中在交通运输、能源、环保、市政等基建领域，这些正是 PPP 模式的重点领域。

PPP 模式主要应用于基础设施建设和公共服务领域。以我国为例，根据国务院办公厅转发的财政部、发改委、人民银行《关于在公共服务领域推广政府和社会资本合作模式的指导意见》（国办发〔2015〕42 号），PPP 共包括能源、交通运输、水利建设、生态建设和环境保护、市政工程、片区开发、农业、林业、科技、保障性安居工程、旅游、医疗卫生、养老、教育、文化、体育、社会保障、政府基础设施和其他 19 个行业。

3. 核心原则一致：利益共享、风险共担

由于历史、地理等各方面的原因，目前世界各国经济发展水平参差不齐，基础设施建设有强有弱，国家和地区之间差异较大。"一带一路"倡议坚持"共商、共建、共享"的原则，由"一带一路"沿线国家和地区形成对发展目标的共识，共同探讨实现目标的路径，本着共同建设的原则，责任与风险共同承担，并分享建设成果。

PPP是政府与社会资本为提供公共产品和服务而建立的伙伴关系，以授予特许经营权为基础，以"利益共享、风险分担"为特征，通过引入市场竞争和激励约束机制，发挥政府和社会资本双方优势，提高公共产品和服务的质量和供给效率。PPP模式的核心原则是"利益共享，风险共担"，建立公平合理的风险分担机制，让更有能力、更有优势的一方承担相应风险，实现项目整体风险的最小化，确保PPP项目长期稳定地运营。虽然世界上不同国家、地区和国际组织对PPP存在不同的解释，但表述大同小异，关键的中心意思是一致的，即"公共部门与私人部门的合作，为公共部门提供公共项目或服务，满足公共需求""利益共享和风险共担"。

4. 发挥各自优势，优势互补

"一带一路"建设的目标之一是战略对接、优势互补。正如习近平主席在2017年5月"一带一路"国际合作高峰论坛发表主旨演讲时指出的，"一带一路"建设是实现战略对接、优势互补。

相较之下，在PPP模式下，各方参与主体能够发挥各自优势，做到优势互补：政府在宏观规划、政策制定和监督方面具有明显的优势。而投资PPP项目的

社会资本优势主要表现在拥有雄厚资金、先进技术和丰富管理经验。也就是说，PPP 模式既能充分发挥政府在战略规划、质量监督上的优势，又能充分发挥社会资本在技术、资本、管理上的优势。通过优势互补，共同促进 PPP 项目落地。专家指出，通过 PPP 使政府发挥作用，把其他力量合在一起，比如企业、专业机构、社会组织（包括非营利性组织和志愿者组织等），不仅壮大了资金力量，而且各个主体之间在运营管理和绩效提升上形成了优势互补，各方运用最有优势的特长，去管控自己最擅长防范的风险，这样就可以使公共工程在建设和其后的运营过程中，质量水平、绩效水平、管理水平等均得到提升。

PPP 模式加速"一带一路"建设

调研发现,"一带一路"建设具有明显的特征:一是覆盖区域广大,沿线多达 60 多个国家;二是涉及跨境投资领域众多,主要包括高铁、高速公路、机场、水库、港口等基础设施建设和文化、教育等公共服务项目;三是项目投资规模大,通常达到几十亿美元甚至上百亿美元;四是项目建设和运营周期长,通常达数十年。

如上所述,"一带一路"建设资金缺口巨大,除沿线国家政府资金投入、寻求国内和国际各类金融机构的支持外,拓宽融资渠道引入国内外各类社会资本成为沿线国家现实的选择。已经具有 300 多年历史、自 20 世纪 90 年代以来快速发展的 PPP 模式将为"一带一路"沿线国家基础设施建设和公共服务项目建设助力。

1. "一带一路"建设需要新的投融资模式

PPP 模式(Public – Private – Partnerships,公私合作模式)即公共部门与私人企业合作模式。PPP 模式最主要的是政府与企业相互之间的合作关系,通常是由政府部门牵头提供 PPP 项目,私营企业负责项目整体的设计、建设、后期运营维护全周期全过程,通过适当的政府付费或使用者付费回收利润,政府部门负责监管和协调,以期实现以最低成本获得高质量的社会公众服务水平。

据介绍，自 20 世纪 80 年代以来，各国或国际组织都争相尝试将 PPP 的各种模式应用于本国或区域内的基础设施建设。从 20 世纪 90 年代初期开始，全球 PPP 项目迅速增长，并于 1997 年达到顶峰。伴随 1997 年亚洲、俄罗斯和巴西经济危机的出现，全球 PPP 项目有所减少，之后在平稳中又开始逐渐回升（有关 PPP 模式在全球的发展历史及现状，本书第九章有详细论述）。

研究发现，无论是欧美还是日本，其 PPP 模式获得长足的发展，都有着深刻的经济发展背景。以中国的近邻日本为例，PPP 模式之所以在日本得到大力推广，一是中央、地方政府财政困难，税收锐减，国债及地方债数额逐渐膨胀；二是公共设施、公共服务品质逐渐下降。

近年来，我国 PPP 快速推广，也有着重要的经济原因：改革开放以来，我国基础设施建设取得巨大进展，地方政府一直是基建投资的主力军，由地方政府主导的基建投资对我国经济增长发挥了引擎作用。但随着我国经济发展进入新常态，国家财政压力加大。随着 2014 年 10 月国务院发布《关于加强地方政府性债务管理的意见》（业内俗称"43 号文"），明确指出首要目标为治理政府性债务。"43 号文"对地方债务开启了严监管模式，使地方政府融资能力大幅受限。在此背景下，引入社会资本参与基础设施建设成为新常态下的必然选择。

很显然，在经济发展的压力下，"一带一路"沿线国家需要寻找新的投融资模式。

2. 传统 EPC 模式的不足之处

与 PPP 模式相比，传统 EPC 模式[①]存在着不足之处。

---

① EPC（Engineering Procurement Construction）是指公司受业主委托，按照合同约定对工程建设项目的设计、采购、施工、试运行等实行全过程或若干阶段的承包。通常公司在总价合同条件下，对其所承包工程的质量、安全、费用和进度进行负责。在 EPC 模式中，Engineering 不仅包括具体的设计工作，而且可能包括整个建设工程内容的总体策划以及整个建设工程实施组织管理的策划和具体工作；Procurement 也不是一般意义上的建筑设备材料采购，而更多的是指专业设备、材料的采购；Construction 译为"建设"，其内容包括施工、安装、试测、技术培训等。

从投资建设模式来讲,未来"一带一路"基础设施建设项目采取 PPP 模式将是大势所趋:数年来,我国工程建设企业在"走出去"的过程中,主要采取的是 EPC 模式,既取得了明显的业绩,自身综合实力也得到了显著提高。然而,以国家金融资本提供主权贷款结合 EPC 方式做海外工程的模式未来将存在多种限制,包括但不限于:我国出口信贷机构承担着西方各种不公指责,以及承担着国有金融资本的安全压力;东道国主权贷款带来日益沉重的外债压力,既形成扩大主权借贷的瓶颈,又危害现有债权的安全;EPC 承包商难以真正成为项目的利益相关体,精力集中在项目移交之前,没有深度开发并真正融入东道国市场的压力和动力。

3. PPP 模式解决 "一带一路" 资金难题

"一带一路"主要是基础设施建设,而首先要解决的是资金来源问题。目前,主要是亚洲基础设施投资银行、丝路基金等金融机构为"一带一路"建设提供资金,但资金远远不够,还需要项目东道国政府吸引国内、国际各类社会资本参与。在这种情况下,具有多种优势的 PPP 模式走上台前。

如上所述,除中国外,"一带一路"其他 60 多个国家和地区未来每年投资需求达到 8000 亿美元。

2017 年 5 月,对外经济贸易大学发布《"一带一路"与 PPP(公私合作制):全球治理、区域合作与中国模式》蓝皮书,指出搞好"一带一路"建设的投融资合作,需要着力搭建利益共同体,充分调动沿线国家的资源,加强政府和市场的分工协作,坚持以企业为主体,市场化运作,真正实现共商、共建、共享。蓝皮书还认为,目前大多数项目都是由政府开发和资助,区域性和国际性组织也为"一带一路"的基础设施建设提供部分资金。但这些融资渠道对"一带一路"跨境基础设施提供的融资规模非常有限,不足以填补巨大的资金缺口。因此,需要充分引入私人资本的参与,利用政府与社会资本合作模式等融资渠道来弥补公共资本的缺口。

现实情况是,"一带一路"沿线国家项目投资规模普遍巨大,动辄数十亿美元甚至数百亿美元,而沿线主要为发展中国家,这对"一带一路"沿线国家的财政实力提出了严峻的挑战,而具有多种优势的 PPP 模式正好可以解决这一问题。进一步而言,"一带一路"沿线国家普遍面临基础设施薄弱、政府财政压力大、技术水平不高和运营管理能力不足等问题,而作为一种市场化的投融资模式,PPP 模式的主要目的是政府通过吸引资金实力雄厚、技术先进和管理经验丰富的国内和国际各类社会资本投资、建设和运营基础设施和公共服务项目,构建起政府和社会资本良好的合作伙伴关系。

总之,"一带一路"资金缺口巨大,除了亚洲基础设施投资银行、丝路基金、金砖国家新开发银行、上合组织开发银行、亚洲开发银行、世界银行等金融机构为"一带一路"沿线国家基础设施建设融资提供支持之外,以政府和社会资本合作为代表的 PPP 模式将是十分重要的选项。伴随"一带一路"倡议的推进,PPP 模式将大有可为。

4. "一带一路"沿线国家已广泛运用 PPP 模式

"一带一路"建设重点是大型基础设施和公共事业项目,投资规模大、建设周期和投资回收期长,需要大力推广 PPP 模式,鼓励和引导各类社会资本以 PPP 模式参与"一带一路"重点项目建设。

调研发现,"一带一路"沿线不少国家已经开始广泛使用 PPP 模式。

以"一带一路"上的两大发展中国家中国和印度为例。根据世界银行数据,截至 2013 年,中国 PPP 累计规模约为 1278 亿美元,印度为 3274 亿美元。2013 年中国新增 PPP 规模为 76.8 亿美元,印度新增 PPP 规模为 151.4 亿美元。2013 年中国和印度的 GDP 分别为 9.49 万亿美元和 1.86 万亿美元,则中国新增 PPP 规模占 GDP 比例仅为印度的 9.9%。无论是从绝对规模还是相对规模来看,我国 PPP 发展水平与同类型发展中国家相比,均有较大差距。

然而,自 2014 年下半年以来,在中央和地方政府的大力推动下,PPP 成为我国最流行的基础设施建设和公共服务项目建设投融资模式，也是国内最受关注的经济热点之一。从中央到地方，从省到市，从市到县，甚至从县到乡村，凡是涉及基础设施建设和公共服务项目，几乎都准备采取 PPP 模式，国内掀起了一波又一波的 PPP 热潮。而随着我国在基础设施和公共服务领域大力推广 PPP 模式，这两大领域正在形成一个数十万亿元规模的 PPP 资产池①。

预测称，未来"一带一路"沿线国家基建领域将成为投资的主要切入点，相关投资项目步入密集落地期，沿线国家政府和各类社会资本以 PPP 模式操作基建项目将成为地区经济社会发展的一大亮点。

此外，相关国际组织也在积极推广 PPP 模式。以金砖国家为例，据介绍，一些金砖国家在公共服务及基础设施领域已推广运用 PPP 模式，创新融资渠道，吸引私营部门投资以弥补资金缺口，并取得积极成效。自中国担任金砖国家主席国后首次提出在 PPP 领域开展合作，并推动建立金砖国家推广 PPP 模式的交流与合作框架。这一倡议得到金砖国家各方的积极响应，最终在 PPP 领域形成两项具体成果，一是 2017 年 6 月，在上海举行的金砖国家财长和央行行长会议正式建立金砖国家政府和社会资本合作领域合作框架，包括制定《金砖国家 PPP 良好实践》；二是成立工作组，就金砖国家开展 PPP 合作的具体方式进行研究，推动 PPP 领域合作，包括建立项目准备基金等。分析认为，上述成果标志着金砖国家首次就 PPP 模式建立合作框架，为金砖国家开展 PPP 合作打下了坚实基础，也将为促进金砖国家基础设施的大联通做出贡献。

---

① 财政部 PPP 中心公布的 2017 年度全国 PPP 项目信息情况报告显示，截至 2017 年 12 月末，全国 PPP 综合信息平台收录到管理库和储备清单的 PPP 项目共有 14424 个，总投资额为 18.2 万亿元。其中，管理库项目 7137 个，储备清单项目 7287 个。

我国助推 "一带一路" PPP 模式发展

"一带一路"建设，基础设施先行。具体而言，在"一带"即"丝绸之路经济带"上，重点是打造"硬件环境"，主要建设内容为相关基础设施和公共工程；在"一路"即"21 世纪海上丝绸之路"上，重点是建设后勤补给基地和通信、管理网点等。

1. PPP 模式符合我国 "走出去" 政策发展方向

从 2014 年下半年开始，我国大力推广 PPP。PPP 成为当下我国经济的一个新热点，从中央到地方，从政府到企业，从国企到民企，从实体企业到金融机构，几乎都将目光聚焦在 PPP 上。

我国大力推广 PPP 模式有以下重要诉求：一是化解地方政府债务风险。近年来，我国经济发展进入新常态，经济增速放缓，财政收入亦随之减速，财政收支矛盾突出①。地方政府一直主导基础设施投资，2014 年 10 月国务院发布《关于加强地方政府性债务管理的意见》（以下简称"43 号文"），对地方债务开启严

① 我国财政收入增速从 2011 年的 25% 下滑至 2014 年的 8.6%。2015 年中国财政收入约 15.2 万亿元增速降至 1988 年以来新低。2017 年全国一般公共预算收入超过 17 万亿元，同比增长 7.4%，其中税收收入同比增长 10.7%，分别比上年加快 2.9 个和 6.3 个百分点，扭转了近年来一般公共预算收入和税收收入增速逐年放缓的态势。

监管模式,使地方政府融资能力大幅受限。大力推广PPP模式将缓解地方政府资金不足、化解地方政府债务风险。二是有利于国家治理现代化。在公共服务领域推广政府和社会资本合作模式,是转变政府职能、激发市场活力、打造经济新增长点的重要改革举措,主要表现在三个"有利于":有利于加快转变政府职能,实现政企分开、政事分开;有利于打破行业准入限制,激发经济活力和创造力;有利于完善财政投入和管理方式,提高财政资金使用效率。

然而,与国内PPP的火热状况相比,虽经国家多年推广,但我国企业参与的境外PPP项目数量并不多,这一点与国内形成鲜明对比。

专家分析认为,PPP模式符合我国"走出去"政策的发展方向:首先,从引入私人资本参与、有效减少东道国外债角度看,PPP将增加东道国的债务可持续性,升级我国走出去资金的当地效用。其次,我国政府对外软贷款已经发展到一定规模和阶段,我国国内商业资本、民营资本通过参与PPP模式实现出海,达到对外投资的多元化。最后,PPP模式使我国离岸EPC承包走人的模式转向在岸长期运营发展,又引入了当地资本参与,这种做法将有效反击西方对我国海外工程和资源模式的不实指责。

2. 积极建立"一带一路"PPP工作机制

作为"一带一路"倡议的倡导国,我国在发改委、财税、金融、证券等各个部门之间开展密切协同,支持国内社会资本促成"一带一路"倡议的稳步推进。

2015年3月,国家发改委、外交部、商务部联合发布《推动共建丝绸之路经济带和21世纪海上丝绸之路的愿景与行动》,明确指出能源、交通、电信等基础服务设施建设是"一带一路"建设的优先领域,而PPP模式正是聚焦于基础设施行业,通过吸引包括私人资本在内的各类社会资本进行"一带一路"建设,在缓解政府在公共建设支出中的压力的同时,还能够提高基础设施建设和运营水平。

2016 年 12 月,国家发改委相关司局与联合国欧洲经济委员会 PPP 中心在北京召开"一带一路"PPP 工作机制洽谈会。双方一致表示,中国提出的共建"一带一路"的历史性倡议,与联合国推动落实 2030 年可持续发展议程不谋而合,"一带一路"所确定的五大重点合作领域,即政策沟通、设施联通、贸易畅通、资金融通和民心相通,将会有力推动实现 2030 年可持续发展议程的 17 项可持续发展目标。双方一致认为,在"一带一路"建设中推进 PPP 模式,可以更好地提供公共产品和公共服务,助推沿线各国实现可持续发展目标。

梳理发现,自 2017 年以来,我国各部委积极推动"一带一路"PPP 项目(见表1-3)。

表 1-3 我国各部委积极推动"一带一路"PPP 项目

时间	部委	主要内容
2017 年 1 月	国家发改委	国家发改委会同 13 个部门和单位,共同建立"一带一路"PPP 工作机制,与沿线国家在基础设施等领域加强合作,积极推广 PPP 模式,推动相关基础设施项目尽快落地
2017 年 2 月	商务部	商务部以"一带一路"建设为引领,指导中国企业根据东道国实际需求,积极稳妥地建设合作区
2017 年 3 月	质检总局	"一带一路"开通以后,由于每个国家的检验检疫制度不同,因此许多出境班列遇到阻碍。质检总局对此研究检验检疫政策,为中国本土企业解决问题
2017 年 5 月	国家发改委	国家发改委与联合国欧洲经济委员会签署《谅解备忘录》,提出双方要在"一带一路"沿线国家推广 PPP 模式,为充分发挥 PPP 模式在"一带一路"建设中的积极作用,双方就建立健全 PPP 法律制度和框架体系、筛选 PPP 项目典型案例、建立"一带一路"PPP 国际专家库、建立"一带一路"PPP 对话机制四个方面做了具体约定
2017 年 5 月	保监会	发布《关于保险资金投资政府和社会资本合作项目有关事项的通知》,旨在推动 PPP 项目融资方式创新,更好地支持实体经济发展

3. 我国资金加码支持"一带一路"

随着"一带一路"建设的推进,"一带一路"PPP 项目面临巨大的资金需求。分析指出,未来中国将会为企业走向"一带一路"提供更加广泛的政策支持与更加有力的资金支持。

2014 年 12 月,国务院常务会议明确指出"一带一路"倡议将吸收社会资本参与,采取债权、基金等形式,为"走出去"企业提供长期外汇资金支持。

2017 年 5 月,"一带一路"国际合作高峰论坛上,习近平主席表示,中国将加大对"一带一路"建设的资金支持,向丝路基金新增资金 1000 亿元人民币,鼓励金融机构开展人民币海外基金业务,规模预计约 3000 亿元人民币。此外,中国国家开发银行、中国进出口银行将分别提供 2500 亿元和 1300 亿元等值人民币专项贷款,用于支持"一带一路"基础设施建设、产能、金融合作。

中国企业以 PPP 模式开拓 "一带一路"市场

缓解"一带一路"沿线国家政府财政支出压力、提高项目所在国政府财政资金总体使用效率、提高沿线国家基础设施建设和社会公共服务水平……这些都是 PPP 模式在"一带一路"建设中的重要作用。反过来,通过参与"一带一路"PPP 项目,对包括中国企业在内的各类社会资本都是一次巨大的机遇。以我国为例,通过投资建设"一带一路"PPP 项目,我国企业可以更好地运用近几年实践积累的经验,既助推"一带一路"沿线各国实现可持续发展目标,又扩大我国企业的国际影响力,提高我国的国际形象,可谓一举多得。

1. 中国企业开拓"一带一路"PPP 市场优势明显

专家指出,在当前世界经济形势下,中国企业要重点考虑"走出去","一带一路"沿线主要还是发展中国家,这些国家缺钱、缺技术、缺基础设施,而中国企业正好有这方面的优势和 30 多年的开发经验。其中,"一带一路"有些项目必然要通过 PPP 方式,这样我们释放国内产能,正好是战略互补。此外,我国从 2014 年起大力推广 PPP 的另外一个目的,就是打造我国具备全产业链、全方位能力的企业"走出去"。大部分央企工程公司过去几年通过 PPP 实现了从承包到投资+承包的升级,部分央企已经开始打造运营能力和积累运营经验,个别开始酝酿成立金融公司，向产业链的上下游、向业务的多元化发展，观念有了巨大变化，综合集成能力也提升了很多，这是值得肯定的。

国内 PPP 推广如火如荼，"一带一路" 沿线国家 PPP 市场盛宴即将开启。那么，国内将有哪些企业在哪类项目上占得先机呢？分析认为，大型建设类企业、互联网龙头企业和大型产业地产商将在 "一带一路" PPP 市场竞争中占有优势。

事实上，从 "一带一路" 沿线国家的现实需求来看，目前，交通运输类、能源类、环保类基础设施建设项目是投资的热点。2017 年 3 月，国家发改委征集我国 2013 年以来促进 "一带一路" 沿线国家经济发展、社会进步、民生改善的基础设施和公共事业 PPP 项目典型案例。截至 2017 年 5 月，央企和地方一共申报 44 个项目。从项目类别来看，主要集中在能源、交通运输、信息化、环保、园区五大类项目。其中，能源类的 PPP 项目主要涉及水电站、光伏电站、油气管道、清洁燃煤电站等，交通运输类主要涉及机场、港口、码头等，信息化类包括网络安全、光缆传输、政府光纤宽带等，环保类项目则有河道综合治理、垃圾发电、清洁水等，而园区类项目主要集中在产业新城、经贸合作区、空港产业园等。从地区分布来看，项目覆盖了亚洲、欧洲、非洲、南美洲、大洋洲 5 个大洲，涉及 25 个国家（其中，亚洲 14 个、欧洲 6 个、非洲 2 个、南美洲 2 个、大洋洲 1 个、一共 25 个国家）。从国家分布来看，既有英国、德国、澳大利亚等发达国家，也有埃及、柬埔寨、巴基斯坦、孟加拉等发展中国家。

2. 央企大力以 PPP 模式开拓 "一带一路" 市场

随着 "一带一路" 倡议的稳步推进，我国加大对 "一带一路" 沿线国家的项目投资，越来越多的社会资本（包括央企、地方国企甚至民间资本）将目光瞄准 "一带一路" 沿线国家。其中，很多项目以 PPP 模式操作。在社会资本方面，中铁、中建、中交、葛洲坝等大型央企、地方国企是 "一带一路" 基础设施建设类 PPP 项目的 "排头兵"。例如，中国交通建设股份有限公司（以下简称 "中国交建"），作为 "一带一路" 建设的重要参与者，中国交建致力于通过 PPP

投资将中国资本、中国技术、中国标准推向海外市场，且已经在"一带一路"沿线实施了一大批工程项目。资料显示，截至 2016 年 7 月，中国交建及旗下中国港湾、中国路桥、振华重工在"一带一路"沿线累计修建公路 2600 多千米，桥梁 180 座，深水泊位 63 个，机场 10 座，提供集装箱桥吊 754 台，在建铁路 1800 千米。其中，科伦坡港口城、蒙内铁路、匈塞铁路、塞尔维亚泽蒙—博尔察大桥、马来西亚槟城二桥、中马友谊大桥、港珠澳大桥等项目成为所在国家和地区的标志性工程。

在中国企业参与的"一带一路"PPP 项目中，不乏一些在国际上都有影响的项目。以斯里兰卡汉班托塔港口 PPP 项目为例（见如下案例）。

【案例】

汉班托塔港又称汉班托塔深水港，位于斯里兰卡南部海岸，在科伦坡港东南方向 240 千米处，距世界最繁忙的欧洲—远东国际主航线仅约 10 海里，处于"21 世纪海上丝绸之路"的中央地带，是斯里兰卡战略发展项目。项目将包括三期：第一期已在 2011 年 12 月完成，从 2012 年 6 月开始投入运营。[①] 第二期工程自 2012 年 9 月开始建设，已于 2015 年 4 月完成。二期工程包含设计施工（DB）和设备供应、运营、转让（SOT）。项目建设四个集装箱泊位，岸线长度 1298 米，包括两个 10 万吨级泊位，2 个 1 万吨级泊位，年设计能力 200 万 TEU[②]。合同总额 8.08 亿美元。项目由招商局国际与中国交建旗下的中国港湾设立一家中方合营企业投资。

2017 年 7 月，中国招商局港口控股有限公司（以下简称"招商局港口"）公布，招商局港口与斯里兰卡港务局（SLPA）、斯里兰卡政府（GOSL）、汉班托塔国际港口集团有限公司（HIPG）和汉班托塔国际港口服务有限责任公司

---

① 汉班托塔港自 2007 年起在中国的援助下开始建设，2012 年开始运营，日均船只到港量达 300 余艘。

② TEU 是英文 Twenty‐foot Equivalent Unit 的缩写。是以长度为 20 英尺的集装箱为国际计量单位，也称国际标准箱单位。通常用来表示船舶装载集装箱的能力，也是集装箱和港口吞吐量的重要统计、换算单位。

（HIPS）五方就有关发展、管理、经营斯里兰卡汉班托塔港的特许经营协定达成一致。根据协议，斯里兰卡港务局和斯里兰卡政府将授予 HIPG 唯一及独家权利发展、经营、管理汉班托塔港，以及授予 HIPS 唯一及独家权利发展、经营、管理公共设施，以营运汉班托塔港。协议为期 99 年。招商局港口同意向汉班托塔港港口和海运相关业务投资最多 11.2 亿美元，相当于 87.36 亿港元。招商局港口将在上述两家私人企业中分别占股 85% 和 49.3%，斯里兰卡港务局分别占股 15% 和 50.7%。

此外，部分资金实力雄厚、技术实力强大、管理经验丰富的民营龙头企业、上市公司也抓住机遇、审时度势，已经参与到"一带一路"基础设施项目建设中。专家指出，结合混合所有制改革积极筹建、发展以民营资本为主要部分的"一带一路"股权投资基金、境外投贷基金及其政府引导基金，并与可能的 PPP 项目，探求相互协作的具体操作办法，财税等部门应给予必要的优惠倾斜支持政策。外交、商贸、发改委、财税等有关部门密切协同、高效地配合与国外相关方面磋商和促成一批国外民间投资为主的"一带一路"PPP 项目。

第二章

"一带一路" PPP 项目
需要金融创新

构建多元化的"一带一路"
PPP 项目投融资体系

"兵马未动，粮草先行。"

"一带一路"重点建设内容为高铁、高速公路、水库、港口、机场等基础设施建设项目，《推动共建丝绸之路经济带和 21 世纪海上丝绸之路的愿景与行动》强调政策沟通、设施联通、贸易畅通、资金融通和民心相通。其中，设施联通是"一带一路"战略优先领域，包括修桥建路、油气管道、输电网等，建设这些内容都涉及巨量的资金投入。而"一带一路"沿线大多是新兴经济体和发展中国家，基础设施建设较为落后、各类建设项目繁多、项目参与主体不一，尤其对"一带一路"沿线中低收入国家而言，虽然对基础设施建设需求旺盛，但大多面临资金缺口大的现实难题。

很显然，金融对"一带一路"建设发挥着不可替代的桥梁和纽带作用。

1. 资金支持"一带一路"PPP 项目

通常情况下，PPP 项目都是基础设施建设项目和社会公共事业项目，项目建设规模大，投入资金多，高速公路、桥梁、机场、水库等大型 PPP 项目更是高达数百亿元人民币。而对于"一带一路"PPP 项目，相对于一个国家内部的 PPP 项目而言，其具有跨地域、跨境的特点，协调难度大、自然环境不一、技术要求高、运营管理难度大，投资规模更大。因此，投资"一带一路"PPP 项目的社会资本要利用自有资金投资几十亿元甚至上百亿元人民币的项目不太现实,自身需要向银行等金融机构融资。

目前,国内 PPP 项目融资主要依靠银行贷款,即政策性银行和商业银行提供资金支持。而为"一带一路"PPP 项目提供资金支持的主要是亚洲基础设施投资银行、丝路基金、金砖国家银行、世界银行、亚洲开发银行和国内开发性金融机构。

2. 社会资本需要多元化融资渠道

无论是国内社会资本还是国际社会资本,社会资本投资"一带一路"PPP 项目,重点要解决项目资金问题。因此,多元化的融资渠道十分重要。目前支持"一带一路"PPP 的多层次、多元化的融资网络体系逐渐形成,主要包括传统和新兴的多边金融机构,此外还包括中国的政策性银行、商业银行和进出口信用保险机构等。具体来说,当前同"一带一路"密切关联的资金池主要有传统国际金融机构、开发性和政策性金融机构、商业银行、专项投资资金和新兴多边开发金融机构。世界银行和亚洲开发银行均有部分资金用于支持"一带一路"的基建项目;国开行、进出口银行等政策性银行有能力和意愿提供长期资金支持;商业银行是市场化支持"一带一路"的主力军;由外储和政策性银行等出资的专项投资基金为"一带一路"提供股权形式的资金支持。

(1) 传统国际金融机构

传统国际金融机构如世界银行①和亚洲开发银行②长期以来对发展中国家提

---

① 世界银行是世界银行集团的简称,世界银行集团包括五个成员机构,分别为国际复兴开发银行、国际开发协会、国际金融公司、多边投资担保机构和国际投资争端解决中心。其中,国际复兴开发银行和国际开发协会是提供资金的主要机构,主要形式是给发展中国家的政府和由政府担保的公私机构提供优惠贷款。

② 亚洲开发银行(以下简称亚行)是一个致力于促进亚洲及太平洋地区发展中成员经济和社会发展的区域性政府间金融开发机构。亚行成立于 1966 年 11 月。截至 2013 年 12 月底,亚行有 67 个成员,其中 48 个来自亚太地区,19 个来自其他地区。

供资金与知识技术方面的支持。

数据显示，2016 财年国际复兴开发银行和国际开发协会两者合计提供贷款 459 亿美元，对于东亚和太平洋地区、欧洲和中亚、南亚等"一带一路"建设集中区域分别提供贷款 75 亿美元、72.7 亿美元、83.6 亿美元。2016 年亚洲开发银行援助总额（含联合融资）达 317 亿美元，较 2015 年增长了 18%。

（2）专项投资资金

专项投资资金是由政策性银行、商业性金融机构、外汇储备等发起和出资成立，主要投资于东盟、非洲和欧亚等"一带一路"覆盖的区域，包括丝路基金、中国—东盟投资合作基金、中非发展基金等。

数据显示，截至 2018 年 5 月，丝路基金已签约了 19 个项目，承诺投资 70 亿美元，支持项目涉及总金额达到 800 亿美元，投资范围覆盖中亚、南亚、东南亚、西亚、北非和欧洲等地区的基础设施、资源开发、产业合作、金融合作等领域。中国—东盟投资合作基金成立于 2010 年 4 月，是经中国国务院批准、国家发改委核准的离岸美元股权投资基金。基金一期 10 亿美元投资了东盟 8 国 10 个项目，到 2015 年底基本投资完毕，项目涵盖港口、航运、通信、矿产、能源、建材、医疗服务等多个领域。二期基金将达 30 亿美元，确立以产能合作与基础设施为重点投资领域。中非发展基金于 2007 年 6 月开业运营，初始设计规模 50 亿美元，由国家开发银行承办，外汇储备提供资金支持。截至 2018 年 8 月，该基金四期 50 亿美元增资方案已经通过国务院批准，基金规模正式达到 100 亿美元。

以丝路基金为例。据介绍，2015 年 4 月，丝路基金敲定首个项目，由丝路基金、三峡集团，以及巴基斯坦私营电力和基础设施委员会在伊斯兰堡共同签署《关于联合开发巴基斯坦水电项目的谅解合作备忘录》（以下简称《谅解备忘录》）。根据《谅解备忘录》，丝路基金将投资入股由三峡集团控股的三峡南亚公司，为巴基斯坦清洁能源开发、包括该公司的首个水电项目——吉拉姆河卡洛特水电项目提供资金支持。

卡洛特水电站是"中巴经济走廊"优先实施的能源项目之一，该水电站计划采用 BOT 模式运作，2020 年投入运营，运营期 30 年，到期后无偿转让给巴基斯坦政府。三峡集团与丝路基金等投资各方计划通过新开发和并购等方式，在吉拉姆河流域实现 3350 兆瓦的水电项目开发目标。

公开资料显示，卡洛特水电站坝址位于巴基斯坦旁遮普省境内 Karot 桥上游，下距曼格拉大坝 74 千米，西距伊斯兰堡直线距离约 55 千米，以发电为主，兼有防洪、拦沙、改善下游航运条件和发展库区通航等综合效益。枢纽工程由挡水、泄水、冲沙、引水发电系统等主体建筑物组成，拦河大坝为沥青混凝土心墙土石坝，最大坝高 95.5 米。

卡洛特水电站是"一带一路"首个水电大型投资建设项目，也是"中巴经济走廊"首个水电投资项目，是迄今为止三峡集团在海外投资在建的最大绿地水电项目。电站装机容量 72 万千瓦，年发电 32.13 亿度，是巴基斯坦第五大水电站，项目总投资约 16.5 亿美元。

(3) 新兴多边开发金融机构

投资"一带一路"的新兴多边开发金融机构主要有：亚洲基础设施投资银行、金砖国家新开发银行和上合组织开发银行等。

亚洲基础设施投资银行（以下简称亚投行）是一个政府间性质的亚洲区域多边开发机构，成立宗旨是为了促进亚洲区域的建设互联互通化和经济一体化的进程，并且加强中国及其他亚洲国家和地区的合作，是首个由中国倡议设立的多边金融机构。亚投行以满足亚洲基础设施投资需求为目的，法定资本为 1000 亿美元，中国出资 50%。截至 2017 年 3 月，亚投行累计发放 17.3 亿美元贷款以支持 7 个国家的 9 个基础设施项目，撬动了 125 亿美元的投资。截至 2018 年 6 月，亚投行已有 87 个成员国。在亚洲基础设施投资银行的支持下，通过推进"一带一路"基础设施建设 PPP 项目，实现各类社会资本的广泛参与。

2015 年 7 月，金砖国家新开发银行正式成立，在初始运营阶段主要针对金砖五国发放贷款。创始成员国覆盖拉美、亚洲、欧洲和非洲，法定资本金 1000 亿美元。截至 2017 年 9 月，金砖国家新开发银行已批准 11 个项目，承诺贷款总额达到 30 亿美元。① 预计到 2021 年,项目贷款总额将达到 320 亿美元。

(4) 其他金融支持

除了上述各类区域性、国际性的资金外,其他组织也积极为"一带一路"PPP项目提供资金支持。以福建省福州市为例,作为中国古代"海上丝绸之路"的重要发祥地,2014 年 5 月,福州市政府、国开行福州分行、中非发展基金合作成立了"海上丝绸之路基金",总规模上百亿元,通过基金的市场化运作参与"21 世纪海上丝绸之路"建设。

此外,作为"一带一路"建设的重要支持,我国银行业金融机构也加快了海外拓展的步伐,支持沿线国家的 PPP 项目。2014 年 12 月,国务院常务会议明确指出,"一带一路"倡议将吸收社会资本参与,采取债权、基金等形式,为"走出去"企业提供长期外汇资金支持,需要采取金融创新的方式来带动民间资本,使资金链更能满足大型基建的需求。

而随着"一带一路"多元化投融资体系的不断完善,将加速沿线 PPP 项目落地。

3. 金融创新:构建多元化的投融资体系

"一带一路"建设需要金融创新,为沿线各国 PPP 项目提供有力的资金支持,当务之急是构建多层次、多元化的"一带一路"投融资体系。

业内专家认为,"一带一路"建设需要借助多元化、多渠道的资金力量,包括相关经济体的政府和世界金融机构的力量。部分"一带一路"建设项目体量大、投资回收期长,商业之外的不可控、不可知因素比较多,需要创新融资模式,建立长期、稳定、可持续的融资保障体系。要充分发挥政策性金融的先导作

---

① 作为"一带一路"重要国家,中国也获得了金砖国家新开发银行的贷款。截至 2017 年 9 月初,金砖国家新开发银行对华贷款已达到 58 亿元人民币。

用和商业性金融的主体作用，完善银企合作机制，支持金融机构拓展低成本的信贷融资渠道。同时，要扩大出口保险的覆盖范围，创新风险分担机制，降低保障成本。要发挥各类基金的整体合力，突出"四两拨千斤"的带动作用，以及直接融资、权益投资在"一带一路"建设中的平衡作用。此外，要注重加强国际化金融市场体系建设，实施债券市场双向开放，不断强化规模效应，发挥服务"一带一路"建设的融资和定价作用。"一带一路"建设资金需求量大，单靠中国的投入不够，各国都是平等的参与者、贡献者、受益者，应联合投入。要调动各方资源，动员项目所在国投入资金或给予政策支持，还要积极联合第三方国家共同开拓市场、积极吸纳国际多边金融机构及国际资金，形成共同付出、共担风险、共享收益的利益共同体。

中资银行支持"一带一路"PPP项目

中国企业积极投资"一带一路"PPP项目，同时中国银行业金融机构也加快"一带一路"拓展的步伐。

1. "一带一路"建设为中资银行带来巨大机遇

对资金需求强烈的"一带一路"建设为中资银行带来巨大机遇。分析认为，"一带一路"建设涉及国家广、参与主体多、金额大且结构复杂，沿线 PPP 项目需要包括银行、基金、信托、保险等各类金融机构的资金支持。反过来，银行为"一带一路"提供金融服务，对银行来讲也是巨大机遇：一是贸易金融业务。"一带一路"倡议下，对外贸易、对外承包工程和对外劳务合作将会有大发展，对银行的贸易金融需求相应地也会大幅度增加。二是投资银行业务。社会资本、地方政府需要大量债券融资、融资租赁、资产证券化、私募股权基金等直接融资服务以及财务顾问、工程保险、现金管理、融资咨询等其他金融服务的支持，银行在这方面有突出的优势。三是资产管理业务。全球资产配置、现金管理和消费金融等需求越来越强烈，需要银行提供相应的资产管理服务。

以中资银行为例，随着"一带一路"倡议的推进，中资银行海外机构大大增加银团贷款、项目融资、股权融资、并购贷款、跨境现金管理、大宗商品融资等市场机会。不仅如此，"一带一路"建设将会产生大量的人民币跨境投融资、跨境资金归集、跨境并购、汇兑结算和套期保值等金融需求，从而带动人民币跨境业务高速增长。

中国银行业在支持中国企业投资建设"一带一路"PPP 项目的同时，将促进人民币国际化，为银行海外机构在人民币清算方面提供了新的业务机遇。"一带一路"建设为人民币国际化提供了有利契机和重要发展平台[①]。从专业角度分析，中国企业对外投资使用人民币有诸多好处：一是可以降低 PPP 项目投资的汇率风险和交易成本；二是为更多的 PPP 项目开辟自主和可持续的融资渠道，中国企业降低对外币的依赖和风险程度；三是可以有效带动中国企业的对外投资、产品出口和技术推广。

需要指出的是，目前仍存在影响国有金融机构参与境外 PPP 融资的主要因素：一是对资金成本的依赖，国内金融机构习惯于高净息差的贷款环境，且国内项目对融资需求大，因此国内金融机构没有动力与境外利率较低的资本进行国际 PPP 融资竞争。二是对传统主权担保方式的依赖，在国有金融机构现有融资风险控制力下，难以寻找境外 PPP 的有效担保方式，而强求东道国提供全程无缝的主权担保并非 PPP 模式本意（PPP 模式政府不提供担保）。如果仅依赖当地合同权益转让、不动产抵押等方式，既实现困难，又难以足额覆盖整个贷款。三是国际法律环境适应力不强，东道国法律环境复杂多变，对金融机构的法律尽职调查提出了全新的要求。四是习惯了只与本国承包商打交道，缺少与灵活多变的 PPP 私人投资者的沟通、合作、纠纷处理经验。

2. 中资银行积极"走出去"

近年来，央行等金融管理部门积极引导各类金融机构不断加大对"一带一

---

① 中国银行 2016 年 12 月发布的《2016 年度人民币国际化白皮书》显示，中国银行对 17 个"一带一路"沿线国家 238 个企业进行了系统调研。结果显示，74% 的"一带一路"沿线受访企业能够在当地较为方便地获得所需人民币产品和服务，这一比重较 2015 年的调查结果微升了 2 个百分点，表明人民币产品和服务在"一带一路"沿线国家的覆盖水平继续改善。

路"PPP项目的资金融通力度。

2015年3月,国家发改委、外交部、商务部联合发布《推动共建丝绸之路经济带和21世纪海上丝绸之路的愿景与行动》,强调政策沟通、设施联通、贸易畅通、资金融通和民心相通。其中,资金融通是"一带一路"建设的重要保障,面对沿线各国巨大的资金需求,加大资金融通和金融服务势在必行。

在此背景下,中资银行积极"走出去",主要体现在加快中国银行业海外机构布局的步伐、增强中国银行业的国际化视野和国际化管理能力等。数据显示,截至2016年12月,中国人民银行与境外36个国家和地区的央行或货币当局签署了双边本币互换协议,总额度超过3.15万亿元人民币,其中,与21个"一带一路"沿线国家和地区签署了高达1.3万亿元人民币规模的本币互换协议,在7个国家设立了人民币清算行。共有9家中资银行在26个"一带一路"沿线国家设立了62家一级机构,其中包括18家子行、35家分行、9家代表处。在"一带一路"沿线国家中,已有20个国家的54家商业银行在华设立了6家子行、1家财务公司、20家分行和40家代表处。

3. 中资银行积极支持"一带一路"PPP项目

中资银行对推进"一带一路"PPP项目作用明显,例如,通过银团贷款、对外承包工程贷款、互惠贷款等方式对"一带一路"PPP项目提供资金支持。

统计数据显示,中资银行业金融机构①在推进"一带一路"建设中取得了明显的成果(见表2-1)。

---

① 截至2017年底,银行业金融机构法人共4549家,即原银监会批准持牌经营的总行级机构有4549家。1978年中国国家银行的全部资产为1850亿元。到2017年底,我国银行业金融机构本外币资产为252万亿元。

表 2－1　中国银行业金融机构推进"一带一路"建设

序号	银行	主要成果
1	国家开发银行	2013 年以来，国家开发银行（以下简称国开行）与"一带一路"沿线国家合作方签署了 140 余项协议。截至 2017 年末，国开行在"一带一路"沿线国家累计发放贷款超过 1800 亿美元。国开行国际业务余额 3327 亿美元，继续保持我国最大对外投融资合作银行地位，不良贷款额、不良贷款率实现双降，发展质量明显提升。此外，2013 年以来国开行还在"一带一路"国家发放境外人民币贷款超过 400 亿元，支持相关国家购买我国产品和服务
2	中国进出口银行	2014 年至 2016 年 11 月，中国进出口银行在"一带一路"沿线国家累计签约项目逾 900 个，签约金额超 6000 亿元，发放贷款 4500 多亿元，累计支持商务合同金额超过 3600 亿美元。截至 2018 年 6 月末，中国进出口银行"一带一路"贷款余额同比增长 37%，"一带一路"国际合作高峰论坛 1300 亿元专项贷款全部签约
3	中国银行	中国银行与全球超过 1600 家机构建立了代理行关系，覆盖 179 个国家和地区，其中在"一带一路"沿线国家有 500 家代理机构。作为国际化程度最高的中资银行，中国银行一直积极响应国家"一带一路"倡议，努力构建"一带一路"金融大动脉，力争成为"一带一路"资金融通主干线、主渠道、主动脉：一是推进沿线机构网点体系建设；二是推进多元化金融服务体系建设，为"一带一路"沿线企业提供包括商业银行、投资银行、保险、股权投资、基金、航空租赁等在内的多元化金融服务；三是积极推进人民币国际化产品体系建设；四是紧紧围绕货币合作，完善人民币国际化基础设施（在中国人民银行指定的 23 家离岸人民币清算行中，中国银行已占据 11 席，包括马来西亚、匈牙利两个"一带一路"沿线国家）。截至 2018 年 6 月末，中国银行共跟进"一带一路"重大项目逾 600 个，在"一带一路"沿线国家共实现授信新投放约 1159 亿美元
4	中国工商银行	截至 2017 年第一季度末，中国工商银行在全球 42 个国家和地区建立了 400 多家分支机构，其中 127 家境外机构可直接参与"一带一路"基础设施和产能合作。中国工商银行已累计支持"一带一路"沿线国家和地区项目 212 个，累计承贷额 674 亿美元，业务遍及亚、非、欧 30 多个国家和地区，涵盖电力、交通、油气、矿产、电信、机械、园区建设、农业等行业，基本实现了对"一带一路"重点行业的全覆盖
5	中国农业银行	中国农业银行共在全球 15 个国家和地区设立了 18 家境外机构和 1 家合资银行，其中在"一带一路"沿线国家设立机构 5 个；中国农业银行建立了"走出去"项目库，目前已有 100 多个"走出去"项目入库，涉及"一带一路"国家 30 多个，为重点央企、地方国企以及大型民企提供综合金融支持
6	中国建设银行	中国建设银行在参与"一带一路"建设方面先行先试，为中国与沿线国家的多方位合作搭起了更加广阔的平台。截至 2017 年 7 月，中国建设银行在"一带一路"沿线国家累计储备 268 个重大项目，遍布 50 个国家和地区，投资金额共计 4660 亿美元，主要涉及电力、建筑、矿产、交通、油气、通信等基础设施建设项目，基本实现了"一带一路"沿线国家的全覆盖

序号	银行	主要成果
7	中国交通银行	截至 2016 年末,中国交通银行已向境内逾千个"一带一路"项目累计投放贷款超过近 3000 亿元人民币。投放金额占比排在前列的行业分别为交通运输、仓储和邮政业,水利、环境和公共设施管理业以及租赁和商务服务业
8	中国邮政储蓄银行	截至 2016 年末,中国邮政储蓄银行共建立代理行 1003 家,其中,覆盖"一带一路"国家 42 个、银行 242 个。中国邮政储蓄银行为中国铁路总公司提供 2000 多亿元资金,支持国内重大铁路及"一带一路"跨境铁路建设,并推动"一带一路"沿线交通基础设施建设。在巴基斯坦、印度等"一带一路"沿线国家将重点推进 10 余个项目,涉及交通、建筑、电力等项目
9	中信银行	中信银行围绕网点布局、信贷投放、产业基金、投行业务和跨境业务五方面,积极为中国企业"走出去"和"一带一路"建设提供全方位、综合化的金融服务。截至 2016 年末,中信银行"一带一路"储备项目已获表内授信批复 145 个,批复金额 952 亿元。截至 2017 年 3 月末,中信银行已立项"一带一路"沿线国家出口信贷项目 8 个,涉及印尼、埃及等"一带一路"国家

保险资金与资产证券化支持
"一带一路" PPP 项目

调研发现，除了银行业金融机构，保险与资产证券化也是支持"一带一路" PPP 项目的重要工具。

1. 保险资金支持"一带一路" PPP 项目的优势

众所周知，"一带一路" PPP 项目的显著特点是投资规模大、回报周期长、收益率不高，因此需要与之相匹配的资金。也就是说，要建立长期、稳定和可持续的资金保障体系。

与银行信贷、基金、信托等金融工具相比，保险资金规模大、期限长和收益率合理，具有明显的优势。可以说，保险资金与 PPP 具有一致性。以我国为例，分析认为，保险资金应把握好国家重大工程的政策红利，有效地支持"一带一路"建设、长江经济带、京津冀协同发展、雄安新区建设等，最终实现保险资金投资增值与支持国家重大战略、服务实体经济发展的双赢。

2. 保险资金支持"一带一路"建设的相关政策

梳理发现，我国相继发布一系列保险支持"一带一路"建设的重要文件，例如，2017年上半年，中国保监会连续发布《关于保险业服务"一带一路"建设的指导意见》《关于保险业支持实体经济发展的指导意见》和《关于债权投资计划投资重大工程有关事项的通知》等一系列关于支持国家重大发展战略、国计民生项目和服务实体经济的相关文件。

2017年4月，中国保监会发布《关于保险业服务"一带一路"建设的指导意见》（保监发〔2017〕38号，以下简称《意见》），指出要充分认识保险业服务"一带一路"建设的重要意义：一方面，发挥保险功能作用，是顺利推进"一带一路"倡议的重要助力。"一带一路"倡议辐射区域涉及国别众多，人口数量庞大，地缘政治、经济关系复杂多变，我国企业"走出去"过程中将面临较多的政治、经济、法律风险和违约风险。保险业作为管理风险的特殊行业，自身特点决定了行业服务"一带一路"建设具有天然优势，能够为"一带一路"跨境合作提供全面的风险保障与服务，减轻我国企业"走出去"的后顾之忧，为加快推进"一带一路"建设提供有力支撑。另一方面，融入"一带一路"建设，是建设保险强国的必由之路。"一带一路"倡议的实施，必将开创我国全方位对外开放新格局。"一带一路"建设为保险业创造了巨大的战略机遇，是保险业全面融入国家战略，扩大对外开放，实现行业跨越式发展的有利契机，对于提升我国保险业国际化能力和水平、增强国际竞争力、促进我国由保险大国向保险强国转变具有重要意义。

《意见》指出了保险业服务"一带一路"的基本原则：一是坚持"保险业姓保"、服务大局。围绕"一带一路"建设总体规划和扩大开放宏观布局，坚守"保险业姓保"的行业根基，充分发挥保险功能作用，主动对接"一带一路"建设过程中的各类保障需求和融资需求，不断创新保险产品服务，努力使保险成为"一带一路"建设的重要支撑。二是坚持统筹推进、重点突破。统筹做好保险业服务"一带一路"建设顶层设计,从行业层面整体推进,在产品、资金、机构、人才等领域协同发力,提升保险业服务"一带一路"建设的渗透度和覆盖面。坚持问题导向,围绕"一带一路"建设的重点区域、重点方向、重点领域,先易后难、由点及面,积极探索更高效、更便捷的保险服务方式,及时总结可复制可推广的经验。三是坚持市场运作、持续发展。遵循市场规律和国际通行规则,充分发挥保险功能作用,增强对"一带一路"建设的服务和保障能力,培育我国保险业核心竞争力。四是坚持开放创新、合作共赢。抓住机遇,顺应"一带一路"互联互通的趋势,加快保险业国际化步伐,推动保险业互联互通,提高我国保险业在国际上的影响力和话语权。此外,《意见》指出,构建"一带一路"建设保险支持体系,为"一带一路"建设提供全方位的服务和保障:一是大力发展出口信用保险和海外投资保险,服务"一带一路"贸易畅通。二是创新保险产品服务,为"一带一路"沿线重大项目建设保驾护航。三是创新保险资金运用方式,为"一带一路"建设提供资金支持。充分发挥保险资金规模大、期限长、稳定性高的优势,支持保险机构在依法合规、风险可控的前提下,多种方式参与"一带一路"重大项目建设。

为推动 PPP 项目融资方式创新,更好地支持实体经济发展,2017 年 5 月,中国保监会下发《关于保险资金投资政府和社会资本合作项目有关事项的通知》(保监发〔2017〕41 号,以下简称《通知》)①,《通知》针对 PPP 项目公司融资特点,给予了政策创新支持:一是拓宽投资渠道,明确保险资金可以通过基础设施投资计划形式,向 PPP 项目公司提供融资;二是创新投资方式,除债权、股权方式外,还可以采取股债结合等创新方式,满足 PPP 项目公司的融资需求;三是完善监管标准,取消对作为特殊目的载体的 PPP 项目公司的主体资质、信用增级等方面的硬性要求,交给市场主体自主把握;四是建立绿色通道,优先鼓励符合"一带一路"、京津冀协同发展、长江经济带、脱贫攻坚和河北雄安新区等 PPP 项目开展融资。

保险支持"一带一路"项目初见成效。中国保险资产管理业协会披露的数

---

① 本《通知》所称保险资金投资 PPP 项目,是指保险资产管理公司等专业管理机构作为受托人,发起设立基础设施投资计划,面向保险机构等合格投资者发行受益凭证募集资金,向与政府方签订 PPP 项目合同的项目公司提供融资,投资符合规定的 PPP 项目。

据显示，自 2013 年 9 月"一带一路"倡议首次提出至 2017 年 3 月末，保险资金投入 6260.04 亿元。

3. 探索"一带一路"PPP 项目资产证券化

社会资本投资 PPP 项目后，主要有三种退出渠道：一是项目清算退出，二是股权回购/转让，三是资产证券化。其中，PPP 项目资产证券化为社会资本投资 PPP 项目提供退出渠道、有效降低原始权益人的债务杠杆、破解 PPP 项目融资难、提高社会资本的持续投资能力、盘活 PPP 项目的存量资产等。

所谓资产证券化，是以基础资产未来所产生的现金流为偿付支持，通过结构化设计进行信用增级，在此基础上发行资产支持证券的过程。资产证券化的常见资产类别包括金融机构信贷资产、企业债权资产、企业收益权资产、企业不动产四大类。与普通的资产证券化相比，PPP 项目资产证券化有其特别之处，其以 PPP 项目未来所产生的基金流为基础资产。

PPP 项目资产证券化是一种新型的类固收产品，目前仍处于起步发展初期，其主要特点有：一是从收益来看，与普通的资产证券化相同，PPP 项目资产证券化需要进行结构化设计，是一种类固收产品，优先级收益相对稳定，次级享有浮动收益，中间级收益居中。二是从期限来看，现在发行的收费收益权资产证券化产品的期限一般为 5~10 年，而通常情况下，PPP 项目的期限为 10~30 年。因此，为满足 PPP 项目的合作需求、匹配 PPP 项目期限和增强产品对投资者的吸引力，资产支持证券期限一般较长，也可达 10~30 年。三是从基础资产范围来看，PPP 项目资产证券化可供选择的基础资产较为广泛，可分为使用者付费模式下的收费收益权（主要是供水、供电、供气、供暖等经营性项目）、"使用者付费 + 可行性缺口补助"模式下的收费收益权（主要是污水处理、垃圾处理等准经营性项目）和政府付费模式下的财政补贴（主要是河道治理、公园等非经营性项目），此三种模式即 PPP 项目的三种回报机制。四是从现金流来看，收费机制比较透明、具有稳定现金流的 PPP 项目适合资产证券化。五是从风险看，项目安全性高，公共基础设施项目资产良好，政府和社会资本合理分配风险，PPP 项目整体属于较为安全的资产。

放眼世界，资产证券化在一些国家的运用非常普遍。以美国为例，目前美国一半以上的住房抵押贷款、3/4 以上的汽车贷款是靠发行资产证券提供的。

就 PPP 项目资产证券化而言，近年来，我国进行了积极的探索和实践（见表 2 – 2）。

表 2 – 2 我国 PPP 资产证券化相关政策

时间	发文单位及文件名称	主要内容
2016 年 5 月	证监会发布《资产证券化监管问答（一）》	明确为社会提供公共产品或公共服务的相关收费权类资产、绿色环保产业相关项目的中央财政补贴部分可以作为基础资产开展资产证券化业务，同时 PPP 项目开展资产证券化原则上需为纳入财政部 PPP 示范项目名单、国家发展改革委 PPP 推介项目库或财政部公布的 PPP 项目库的项目
2016 年 12 月	国家发展改革委、证监会联合印发《关于推进传统基础设施领域政府和社会资本合作（PPP）项目资产证券化相关工作的通知》（发改投资〔2016〕2698 号）	鼓励进行资产证券化的 PPP 项目，明确要求项目已经正常运营 2 年以上，并已产生持续、稳定的现金流
2017 年 1 月	发改委投资司、证监会债券部、中国证券投资基金业协会与有关企业召开了 PPP 项目资产证券化座谈会	标志着 PPP 项目资产证券化工作正式启动
2017 年 2 月	中国证券投资基金业协会发布《关于 PPP 项目资产证券化产品实施专人专岗备案的通知》	针对符合"2698 号文"要求的 PPP 项目资产证券化产品，中国证券投资基金业协会将依据《资产支持专项计划备案管理办法》的备案标准不放松的前提下即报即审，提升备案效率
2017 年 2 月	上海证券交易所、深圳证券交易所同时发布了《关于推进传统基础设施领域政府和社会资本合作（PPP）项目资产证券化业务的通知》	提出对于符合"2698 号文"条件的优质 PPP 项目资产证券化产品实行"5 + 3"（5 个工作日提出反馈意见，收到反馈后 3 个工作日明确是否符合挂牌要求）的即报即审措施，提升挂牌效率

续表

时间	发文单位及文件名称	主要内容
2017年6月	财政部、中国人民银行、中国证监会联合发布《关于规范开展政府和社会资本合作项目资产证券化有关事宜的通知》（财金〔2017〕55号）	鼓励项目公司开展资产证券化优化融资安排。在项目运营阶段，项目公司作为发起人（原始权益人），可以按照使用者付费、政府付费、可行性缺口补助等不同类型，以能够给项目带来现金流的收益权、合同债权作为基础资产，发行资产证券化产品。探索项目公司股东开展资产证券化盘活存量资产。在项目运营阶段，为项目公司提供融资支持的各类债权人，以及为项目公司提供建设支持的承包商等企业作为发起人（原始权益人），可以合同债权、收益权等作为基础资产，按监管规定发行资产证券化产品，盘活存量资产，多渠道筹集资金，支持PPP项目建设实施

2017年3月，"华夏幸福固安工业园区新型城镇化PPP项目供热收费收益权资产支持专项计划""首创股份污水处理PPP项目收费收益权资产支持专项计划""中信建投—网新建投庆春路隧道PPP项目资产支持专项计划"和"广晟东江环保虎门绿源PPP项目资产支持专项计划"四个PPP资产证券化项目获准发行，标志着业界一直期盼的PPP资产证券化正式落地。

为保障中国企业投资"一带一路"PPP项目的权益，需要引入安全的退出机制。因此，实施跨境PPP项目基础设施资产证券化、解决中国企业退出渠道势在必行。财政部、中国人民银行、中国证监会联合发布的《关于规范开展政府和社会资本合作项目资产证券化有关事宜的通知》（财金〔2017〕55号）指出，择优筛选PPP项目开展资产证券化。优先支持水务、环境保护、交通运输等市场化程度较高、公共服务需求稳定、现金流可预测性较强的行业开展资产证券化。优先支持政府偿付能力较好、信用水平较高，并严格履行PPP项目财政管理要求的地区开展资产证券化。重点支持符合雄安新区和京津冀协同发展、"一带一路"、长江经济带等国家战略的PPP项目开展资产证券化。

业内专家认为，当下各国应该建立"一带一路"跨境基础设施证券交易所，为沿线社会资本参与"一带一路"跨境基础设施投资提供平台。

"一带一路" PPP 项目需要绿色金融支持

通过金融手段，不仅可以支持"一带一路"PPP 项目建设，而且可以很好地约束项目环境保护行为。实践发现，"绿色金融"在"一带一路"建设资金支持、环境保护、社会责任等方面发挥着重要的作用。

1. "一带一路"沿线环境不容乐观

近年来，全球生态环境不断恶化。报告显示，自 1995 年《联合国气候变化框架公约》缔约方大会第一次会议以来，与天气有关的灾害已导致 60.6 万人死亡，受伤、无家可归或需要紧急援助的人数以亿计，全球 1/4 的死亡人数与环境污染有关。

就"一带一路"而言，沿线国家人口数量占全球的 70%，面积却仅占全球的 40%，人口高度密集，承担着非常大的生态压力。不仅如此，近现代以来，由于受资源禀赋、产业分工和地缘政治等因素的制约，"一带一路"沿线许多国家在现代化进程中发展滞后，既表现在经济社会发展方面①，又表现在环境方面：一是"一带一路"陆上丝绸之路所经过的欧亚大陆主要是中国和欧洲之间

---

① 据世界银行统计，2012 年，"一带一路"沿线国家人均国民总收入不到世界平均水平的一半，多数属于低收入国家，还有 9 个最不发达国家。

的内陆亚洲地区，气候干燥和土地荒漠化问题严重；二是海上丝绸之路面临着严峻的气候变暖的风险。

2. 生态影响"一带一路"项目的安全性

脆弱的生态直接影响到"一带一路"项目的安全性。在国内，PPP 项目的环保问题向来都比较敏感，稍有不慎，便会引发公众的集体抗议，甚至在 PPP 项目还没有落地的情况下，社会资本遇到"邻避效应"①。而在"一带一路"沿线国家和地区，如果环境保护问题没有得到妥善处理，极易造成投资者与当地居民的紧张关系甚至冲突。迫于民众压力，项目东道国政府往往会采取环境规制措施，如不颁发项目行政许可证、叫停项目等，使得投资者损失大量的经济成本和时间成本。

因此，对包括中国企业在内的社会资本而言，在投资"一带一路"PPP 项目时，必须充分考虑项目所在地生态环境的潜在影响，要把与生态环境相关的成本支出、风险承担和收益回报等核心因素综合纳入到投融资决策当中。

以中国企业投资"一带一路"PPP 项目为例。伴随着中国企业"走出去"的步伐不断加快，"一带一路"沿线项目在建设和运营过程中频繁遇到环境问题。与此同时，国际上恶意之声不绝于耳，如"中国环境威胁论""中国生态倾销论"等，个别环境事件被无限放大，其目的就是损害中国企业的国际形象。

实践发现，无论是在行业还是地理分布上，中国企业投资"一带一路"都容易诱发环境风险：从行业分布看，主要集中于基础设施建设和能源，基础设施建设工程量大，在建设过程中植被、河流、森林、大气、土壤等极易遭到破坏，从而引发群体性的事件，并容易被某些外部舆论不怀好意地传播甚至攻击；从地

---

① 邻避效应（Not‑In‑My‑Back‑Yard，音译为"邻避"，意为"不要建在我家后院"）是指居民或当地单位因担心建设项目（如垃圾场、核电厂、殡仪馆等邻避设施）对身体健康、环境质量和资产价值等带来诸多负面影响，从而激发人们的嫌恶情结，滋生"不要建在我家后院"的心理，以及采取强烈和坚决的、有时高度情绪化的集体反对甚至抗争行为。

理分布看,"一带一路"沿线国家和地区很多是环境脆弱地区、生态环境敏感。此外,中国企业普遍缺乏抵抗环境风险能力。近年来,虽然中国企业经过自身的努力无论是经济效益还是技术水平、管理能力和品牌影响力都有了明显的提高,但"走出去"的时间并不长,还存在诸多的短板,其中就包括海外投资环境意识和环境风险管控能力。

3. 绿色发展"一带一路"沿线国家的共识

"一带一路"沿线国家有山地、森林、湿地、丘陵、沙地、荒漠,地形地貌相当复杂、生物多样性丰富、重要保护区众多,大型基础设施项目(如高铁、高速公路)和能源项目(如油气管道)常常涉及跨界污染(尤其是大气污染、国际河流污染等)。因此,"一带一路"PPP 项目如何科学合理地选址以及保护生态环境尤为重要。

在此背景下,"绿色发展"成为"一带一路"沿线国家和地区的共识。2015年 3 月,国家发改委、外交部、商务部联合发布《推动共建丝绸之路经济带和21 世纪海上丝绸之路的愿景与行动》,提出在投资贸易中突出生态文明理念,加强生态环境、生物多样性和应对气候变化合作,共建绿色丝绸之路。鼓励本国企业参与沿线国家基础设施建设和产业投资。促进企业按属地化原则经营管理,积极帮助当地发展经济、增加就业、改善民生,主动承担社会责任,严格保护生物多样性和生态环境。

4. 绿色金融快速发展

所谓"绿色金融",是指为支持环境改善、应对气候变化和资源节约高效利用的经济活动,即对环保、节能、清洁能源、绿色交通、绿色建筑等领域的项目投融资、项目运营、风险管理等所提供的金融服务。"绿色金融"的作用主要是引导资金流向节约资源技术开发和生态环境保护的绿色产业，引导企业的生产注重绿色环保。

以我国为例，党的十八届五中全会提出了"创新、协调、绿色、开放、共享"的发展理念，作为五大发展理念之一，"绿色发展"上升到前所未有的高度。而作为支撑绿色发展的绿色金融也得到了突飞猛进的发展。"发展绿色金融，设立绿色发展基金"已经被列入国家"十三五"规划。"绿色金融"首次被写入2016年《政府工作报告》。2016年9月G20杭州峰会，在中国的倡议下，"绿色金融"首次被纳入议题并写入G20峰会公报。

为支持绿色金融发展，2015年9月，中共中央、国务院发布《生态文明体制改革总体方案》，首次明确提出"要建立我国的绿色金融体系"，标志着指导我国绿色金融发展的顶层设计已经确定。自2016年以来，中国人民银行、证监会、上海证交所、深圳证交所先后出台了与绿色金融相关的政策文件，例如，2016年3月，《上海证券交易所关于开展绿色公司债券试点的通知》（上证发〔2016〕13号）发布；2016年4月，《深圳证券交易所关于开展绿色公司债券业务试点的通知》（深证上〔2016〕206号）发布；2016年8月，中国人民银行、财政部、国家发改委、环保部、银监会、证监会、保监会七部委发布《关于构建绿色金融体系的指导意见》（银发〔2016〕228号），标志着绿色金融提升到国家战略高度，中国将成为全球首个建立了比较完整的绿色金融政策体系的经济体。此外，为进一步推动"一带一路"倡议的绿色发展，2017年5月底，环境保护部、外交部、国家发展改革委、商务部联合发布了《关于推进绿色"一带一路"建设的指导意见》，明确指出要促进绿色金融体系发展，鼓励金融机构、中国参与发起的多边开发机构以及相关企业采用环境风险管理的自愿原则，支持绿色"一带一路"建设，并且积极推动绿色产业发展和生态环保合作项目落地。

在各方的大力支持下，我国绿色金融取得了明显成果，尤其是在绿色信贷、绿色债券、绿色基金等领域成果丰硕。从2016年初开始，我国就启动了绿色债券市场。① 数据显示，目前我国已经成为全球最大的绿色债券发行国家。可以预见的是，未来我国绿色金融将迎来爆发式增长。

除我国外，国际上也在不断发展绿色金融。2014 年，全球绿色债券发行量比 2013 年上升了两倍，且继续以每年 100% 的速度增长。金砖国家新开发银行支持绿色能源和基建，通过引领五个国家，以点带面扩大到"一带一路"，有力地推动了绿色"一带一路"的发展。2016 年，金砖国家新开发银行批准了 7 个项目，总金额达到 15.5 亿美元，所有项目都是可持续发展项目。据介绍，2017~2018 年，金砖国家新开发银行正在储备的项目已有 23 个，规模达 60 亿美元，其中多个项目集中在绿色能源和基础设施建设领域。

5. 绿色金融中的 "赤道原则"

为支持"一带一路"建设，同时确保资金的安全性，金融机构需将环境因素加入评估流程，建立可操作的环境信用评级标准，严格贯彻绿色金融的价值导向。近年来，以亚洲基础设施投资银行、丝路基金、金砖国家新开发银行、亚洲开发银行等为代表的区域和国际金融机构在推动"一带一路"基础设施建设中强调绿色投资。

对绿色信贷而言，国际上最重要的是"赤道原则"，这也是国际项目融资的一个新标准，即要求金融机构在向额度超过 1000 万美元的项目贷款时，需综合评估对环境和社会的影响，并利用金融杠杆手段促进项目与社会的和谐发展。那些采纳了"赤道原则"的银行又被称为"赤道银行"。如果贷款企业不符合"赤

---

① 2016 年，中国绿色债券发行总额达 320 亿美元，约占全球市场的四成。中央财经大学绿色金融国际研究院绿债实验室数据库统计显示，截止到 2016 年底，中国绿色存量接近 2.5 万亿元，占债券总存量的 3.88%。若接下来 5 年该比例不变，到 2020 年底绿债存量将达 3.6 万亿元；若按绿债 5% 的存量占比来估计，到 2020 年底，绿债存量将达 4.7 万亿元。中央国债登记结算有限责任公司发布的《中国绿色债券市场 2017 半年报》显示，截至 2017 年 6 月末，中国绿色债券发行总量达 115.2 亿美元（折合人民币 793.9 亿元），同比增长 33.6%，占全球绿色债券市场的 20.6%。另据中诚信统计数据显示，截至 2017 年 8 月 11 日，我国境内发行的绿色债券只数已经超过 2016 年。

道原则"中所提出的社会和环境标准，那么采纳"赤道原则"的银行将拒绝为该企业或者项目提供融资。数据显示，截至 2013 年，全球已经有 35 个国家 78 家金融机构采纳"赤道原则"，几乎囊括了世界主要金融机构，项目融资总额占全球项目融资市场总份额的 86% 以上。

目前，欧美发达国家许多大型商业银行普遍采纳"赤道原则"。从欧美、日本等发达国家大型银行采纳"赤道原则"的实践来看，一是提升了商业银行自身的品牌影响力和社会美誉度，二是增强了业务竞争优势，三是赢得了更多的商业机会。据介绍，十多年前我国商业银行就开始践行"赤道原则"，2006 年兴业银行与国际金融公司联合在国内首创推出节能减排贷款，以此为标志，兴业银行吹响了进军绿色金融的号角。2008 年兴业银行正式公开承诺采纳"赤道原则"，从而成为全球第 63 家、中国首家"赤道银行"。虽然从总体来看，"赤道原则"在我国商业银行中尚未普及，但在我国积极参与"一带一路"建设的大背景下，对不断发展壮大并努力拓展国际业务的我国银行业金融机构来说，采纳"赤道原则"是大势所趋。

6. 绿色金融支持"一带一路" PPP 项目

近年来，随着我国绿色金融体系的日臻完善，绿色信贷、绿色债券、绿色基金、绿色保险等取得了明显成果，这些都为"绿色金融"支持"一带一路" PPP 项目奠定了坚实的基础。数据显示，截至 2015 年底，中国进出口银行绿色信贷余额 766 亿元，同比增长 45%，该行对项目环评实施一票否决制。报道称，进出口银行优惠贷款支持的埃塞俄比亚阿达马风电项目是第一个采用中国资金、技术、标准、设备、设计、施工、咨询和运营管理服务整体出口的风电总承包项目，提升了埃塞俄比亚利用清洁能源的能力，保护了生态环境。随着"一带一路"倡议的逐步落实，沿线国家的绿色 PPP 项目亦将纷纷落地。

（1）绿色银行支持"一带一路"PPP 项目

所谓绿色银行，是指投资于节能环保、清洁能源等绿色行业的专业银行。从全球范围看，目前国际上已设立的"绿色银行"主要有英国绿色投资银行、澳大利亚清洁能源金融公司、美国康涅狄格州绿色银行等。

研究发现，英国绿色银行引进私人资本与 PPP 模式下引进社会资本两者具有高度的契合性：前者是通过引进私人资本投入绿色经济领域，促进英国绿色经济转型；后者是通过引进节能环保、清洁能源、绿色交通运输等社会资本投入绿色PPP 项目，也是为了促进 PPP 项目所在国绿色经济的发展。与此相同的是，美国绿色银行也体现了 PPP 模式的思路：一是致力于推动公共资本与私人资本紧密合作；二是短期内为能源市场提供充足资金；三是追求提高能源市场短期和长期的资金供给。

近年来，我国银行业金融机构在绿色银行方面进行了有益的探索和实践。早在 2007 年，中国工商银行就在国内率先提出了"绿色信贷"建设的理念；2014年，中国工商银行签署《关于环境和可持续发展的声明书》并加入联合国环境规划署金融行动机构，成为该组织的正式会员。

（2）绿色基金支持"一带一路"PPP 项目

有政府参与的 PPP 产业基金为我国 PPP 项目的落地做出了突出的贡献，是解决社会资本投资 PPP 项目资金不足的重要方式。

实践表明，有政府背景的绿色产业基金投资绿色 PPP 项目，可以为绿色 PPP项目本身增信，从而有效吸引社会资本跟投。换句话说，绿色产业基金可以吸引更多的社会资本投入到绿色 PPP 项目中。早在 2009 年我国就成立了绿色产业投资基金。2015 年 3 月，"绿色丝绸之路股权投资基金"启动，该基金由多家实体企业、金融机构和中（国）新（加坡）天津生态城管委会联合发起，是全球首支致力于丝绸之路经济带生态环境改善和生态光伏清洁能源发展的基金。该基金首期募资 300 亿元，首个投资项目规模 50 亿元。

总之，绿色金融既支持了"一带一路"沿线国家的经济社会建设，又保护了当地的生态环境，具有重要的意义。

第三章

"一带一路"工程项目风险及
PPP 项目面临的困难

中国企业开拓"一带一路"市场面临的主要风险

一方面,"一带一路"建设为中国企业提供了巨大的市场机遇;另一方面,"一带一路"市场并非坦途,其间甚至布满了坎坷与荆棘。对致力于走向"一带一路"的中国企业而言,需要做好充分的准备,识别各类已知和未知的风险。

1. "一带一路":不容忽视的风险

市场充满风险,国内如此,国外亦然。

从之前开拓"一带一路"市场的中国企业经历,以及未来"一带一路"沿线国家的市场环境来看,中国企业投资"一带一路"沿线国家,面临各方面的风险,涉及不同国家和地区的不同政治制度、经济环境、法律法规、文化习惯、宗教信仰、劳动问题等。

需要重点指出的是,中国企业投资"一带一路"所面临的风险,与国内的市场风险有着根本的不同:前者既有来自商业、法律、环境保护等的市场常规风险,还有文化风俗、宗教信仰、劳工等项目所在国的特殊风险,严重的情况甚至还有政治风险、战争风险和其他不可抗力风险。

2. "一带一路" 风险原因分析

(1) 国际政治经济层面

从国际政治经济上讲,"一带一路"倡议旨在打破原有的点状、块状区域发展模式,从海至陆,从纵到横,贯通我国东中西部和主要沿海港口城市,进而连接起亚太和欧洲两大经济圈,实现沿线国家和地区全方位、立体化、网络状的"大概念联通"。"一带一路"旨在借用古代丝绸之路的历史符号,高举和平发展的旗帜,积极发展与沿线国家的经济合作伙伴关系,共同打造政治互信、经济融合、文化包容的利益共同体、命运共同体和责任共同体。可以说,"一带一路"惠及沿线各个国家和地区的人民。然而,这被视为某种挑战西方的战略,一些域外因素有意制造麻烦和困难以掣肘中国,刻意在生态环保、劳工问题等方面做文章,诋毁中国企业和中国国家的形象,达到给中国企业投资"一带一路"制造障碍的目的。

(2) 法律环境较差

如上所述,"一带一路"沿线多为发展中国家,经济发展水平较低,部分国家在法律上与国际接轨程度不高,法律体系不够成熟,总的来说法律环境较差,这导致中国企业可能面临严重的法律风险,例如,税收缴纳、安全环保、劳资关系、并购法律、国家安全审查等诸多法律风险。

3. 中国企业开拓 "一带一路" 市场存在的短板或不足

实践发现,与欧美发达国家的公司尤其是跨国公司相比,中国企业在参与

"一带一路"市场竞争中存在明显的短板或不足。主要表现在两个方面：

（1）中国企业国际市场经验不足

归根结底，国际市场的竞争是企业综合实力的大比拼：资金、技术、管理、人才、品牌、核心竞争力等。可以说，真正能够在国际市场上呼风唤雨、纵横捭阖的，往往都是那些历经磨炼、有着多年历史沉淀和经验积累的大公司。

而现实情况是，无论是从企业自身的管理能力、商业经验还是综合实力来看，与欧美发达国家跨国公司相比，中国企业都处于劣势。尤其是由于中国企业"走出去"的时间较晚，缺乏丰富的海外投资经验。

以沙特麦加轻轨项目为例。公开资料显示，沙特麦加萨法至穆戈达莎轻轨项目即"沙特麦加轻轨项目"（以下简称"该项目"），采用 EPC + O&M 总承包模式，即"设计、采购、施工"总承包 + "运营 & 维护"模式，由中国某企业（以下简称"某企业"）负责设计、采购、施工、系统（包括车辆）安装调试，以及从 2010 年 11 月起的三年运营和维护。

本项目是 2008 年 6 月中沙两国签署《关于加强基础设施建设领域合作协定》之后的首个合作项目，也是中国企业在海外第一次采用"设计、采购、施工和运营维护"为一体的总承包模式建设的铁路项目。该轻轨全长 18.25 千米，合同造价约 18 亿美元。本项目工程建设困难重重，除所有国际工程普遍存在的语言、工作习惯等障碍外，还存在着难以想象的困难，比如施工区域地处高温和特大风沙区，夏季地表最高温度可达到 70℃。本项目开通运营后，出现实际工程数量比预计工程量大幅增加等情况，预计发生约 42 亿元人民币的巨额亏损。

关于该项目的亏损，某企业的解释是：由于该项目签约时只有概念设计，在项目实施过程中实际工程数量比签约时预计工程数量大幅度增加，加之业主对项目 2010 年运能需求大幅提升、负责的地下管网和征地拆迁严重滞后、增加的新功能大量指令性变更使部分已完工工程重新调整等因素，导致项目工作量和成本投入大幅增加，计划工期出现阶段性延误。

业内分析认为，该项目亏损主要有以下两方面原因：

一是报价时没有慎重分析合同和规范。该项目报价时没有慎重分析合同和规范，并依据合同和规范进行有针对性的询价，而是参照过去国内的经验进行估价，这是海外项目大量出现亏损的一个主要原因。本项目对于中东地区市场情况和海外工程模式不熟悉，未经过仔细的市场考察和询价，低估了项目实施的难度，从而没有充分考虑工程实施的成本。

据了解，中东地区的项目一般都是欧美国家的咨询公司编制合同和规范，合同中一般会包含非常详细的技术规范，对设备、材料的参数，施工工艺等有详细的要求。在合同中常见指定厂家、品牌，很多合同还会指定分包。如果不认真分析，在投标时没有对材料和分包商进行逐项询价，想当然地认为中标后能够使用国内材料和设备，将带来巨大损失。有大型央企海外项目负责人称，本项目虽然是由中国企业总承包，但很多控制系统是由西方公司提供，价格比国内设备高很多。

二是投标期间未做细化设计，对于工程量估计失误。相比于施工合同，EPC投标时业主提供的设计处于概念设计阶段，投标前需要结合设计院的力量对概念设计做出评估，较为准确地估计总体工程量。比较好的方法是业主给出功能要求，各个承包商在投标时，提出自己的方案和报价，业主接受了方案和报价之后，承包商就按照这个方案和报价实施，相对来说业主和承包商的争执就会较少。非常遗憾的是，国内很多承包商基于时间和成本原因，在投标期间并不做细化设计，只是按照业主提供的概念设计，再结合自己的经验报价。而一旦真实的工程量与设计工程量存在大的出入，承包商在合同上也完全没有索赔的理由。在这种情况下，要么承包商接受业主的要求增加成本，要么坚持不按照业主的意见修改。最后诉诸法律，要么仲裁，要么诉讼。即使这样，承包商也很难赢得仲裁或诉讼。

本项目中，由于某企业投标人员对于工程量估计失误，导致实际实施的工程量远大于报价时估计的工程量。

（2）欧美跨国公司早已"捷足先登"

从"走出去"的时间上看，欧美跨国公司远远早于中国企业进驻，中国企业属于国际市场的后来者。

事实上，中国企业真正大规模"走出去"不过是近十多年或者说是近几年的事，而欧美发达国家跨国公司纵横国际市场已经有上百年历史甚至更久。因此，国际上那些投资环境好、风险不高、利润较大的"优质市场"已经被那些实力强劲的跨国公司所占据，真正留给中国企业的"优质市场"并不多。

以中国企业投资的重点领域国际矿业为例。某矿业央企海外公司负责人指出，中国企业是后来者，好开采的矿早就让别人拿走了，中国企业没有更好的选择。在这种情况下，作为有志于在国际市场"分一杯羹"的中国企业而言，切不可心浮气躁，要重点辨别项目优劣，以免给自己带来不可估量的损失。

4. 中国企业海外投资业绩不尽如人意

当前世界经济深度调整，区域经济合作不断加强，任何一家企业要直接或间接地融入到全球产业分工的体系之中，必须通过"走出去"，在全球范围内优化资源配置。

近些年来，在国家政策的支持下，中国企业纷纷"扬帆出海"开拓国际市场，以期在国际市场开辟出一片新天地。经过努力，也确实取得了骄人的业绩，既实现了业绩的增长，也增强了自身的综合实力。不过，从总体上来看，由于中国企业"走出去"的时间并不长，还缺乏足够丰富的国际市场经验，走了不少弯路，部分中国企业甚至付出了巨大的代价。据商务部统计，中国企业海外投资65%亏损。因此，为了未来中国企业更好地"走出去"，规避各种各样的风险，需要及时总结经验教训，并找出应对之策。

梳理发现，导致我国海外投资失败的原因主要有20余种（见表3-1）。

表3-1　我国海外投资失败原因、案例及解决之道

序号	失败原因	典型案例	解决之道
1	法律调研不充分	2008年，民生银行8.87亿元人民币收购美国联合银行9.9%的股权，因美国联合银行在收购后不久关闭	项目前期的法律调研十分关键，中国企业在投资海外项目前务必进行全面深入的法律调研，及时发现法律障碍，从而有效避免投资损失

序号	失败原因	典型案例	解决之道
2	商业调研不充分	2007 年，平安保险 238 亿元人民币投资欧洲富通集团，之后不久富通集团因受金融危机波及股价下跌超过 70%，直接导致平安保险巨亏	商业调研不充分主要是指对影响投资项目成功的各种商业条件是否具备或判断失误，从而导致决策失误和投资失败。中国企业在投资海外项目前要全面仔细地罗列影响投资成功的商业条件并进行实地考察
3	社会环境调研不充分	某墨西哥华人企业家在墨西哥某州做矿产投资，但对矿区及其周边社会条件没有足够关注。投资后发现所投矿区经常有毒贩出没血拼，只好放弃，投资失败	企业境外投资需要评估项目所在地的各项社会条件。对影响项目成功的全部必要条件和要素进行罗列并重点分析评估
4	尽职调查不充分	新奥股份 7.5 亿美元投资澳大利亚油气生产商 Santos，几个月后便曝出 Santos 巨亏	不少中国企业因尽职调查不充分或者在尽职调查阶段风险判断失误而失败。全面深入的尽职调查非常重要，至少涵盖法律、财务、税务等方面
5	政府审批风险估计不足	中海油 185 亿美元并购优尼科因涉嫌威胁美国国防安全未能顺利通过美国外国投资委员会审查而撤回要约	中国跨国并购可能触发政府审批时，要仔细评估相关政府审批风险，对能否顺利通过政府审批有详细分析和充分准备，在可能触及政府审批时，要主动申报
6	商业判断失误	齐星铁塔 1.4 亿美元收购南非金矿 Stonewal Mining 全部股权，因金价下滑而弃购，导致对方提起香港仲裁，被判支付约 8400 万元分手费	因商业判断失误而导致海外投资失败的案例不胜枚举，特别是石油、铁矿石和煤炭等大宗商品在前些年处于市场高位时的收购项目，近年来普遍因市场低迷出现群体性亏损
7	舆论导向错误	2002 年紫金、中铝等中国企业正积极参与蒙古国奥优陶勒盖铜金矿项目开发时，国内媒体很不注意措辞，让蒙古国觉得项目背后有着强烈的政治色彩，导致中企退出	中国企业对所投的政治敏感性境外项目进行适当保密，避免新闻媒体过早报道
8	中企内部竞争	德国 EEW 公司出售时，多家中国企业参加竞购。最终，某中国企业高价胜出，交易对价 14.38 亿欧元	在海外并购和国际工程承包中，经常出现多家中国企业竞标同一项目，结果导致标的收购价格被抬高或工程承包项目低价竞争，导致中标后收益不佳甚至亏损。要建立中国企业境外有序竞争的相关制度

续表

序号	失败原因	典型案例	解决之道
9	不聘请律师或律师不专业	某银行1.29亿美元收购美国某银行颗粒无收,投行和律师的目的就是为了拿手续费	中国企业走出去,一定要同时聘请专业的境内、境外律师,不可省小钱吃大亏
10	合作伙伴选择不当	某集团投资巴西亏损5亿美元,其中一个重要原因是过分相信当地合作伙伴,合资公司被当地伙伴实际操控	在中方控股的情况下不能让合作伙伴对合资公司形成控制权;不聘任何合作伙伴推荐的律师或会计师;单独或与合作伙伴一起与当地政府和机构沟通交流,不完全依靠合作伙伴
11	被中间人绑架或误导	四川长虹与美国APEX合作在美国销售彩电,导致数十亿元账款无法回收	中国企业投资海外项目,往往有中间人牵线搭桥。中间人为收取佣金或类似报酬,都有夸大项目收益,促成交易的心理。中国企业对中间人提供的信息都要进行验证,不可轻易相信,一旦发现信息不实,立刻终止合作;不能让中间人掌控投资项目,要直接与交易对方或者当地政府打交道;中间人报酬根据项目节点和经营业绩确定并分期支付,切忌一次性支付;协议明确中间人的义务,并设定完成时间节点和逾期违约责任
12	政府信用风险	墨西哥政府无理由取消中国高铁项目,并进而以财政紧缩为由宣布无限期搁置高铁招标计划	中国企业投资政府类项目要充分考虑政府信用风险,并注意投保境外投资保险。海外投资保险业务是中国信保为鼓励投资者进行海外投资,对投资者因投资所在国发生的违约、汇兑限制、征收、战争和政治暴乱风险造成的经济损失进行赔偿的政策性保险业务
13	政府换届风险	2014年万达集团出资2.65亿欧元从桑坦德手中购入西班牙大厦,计划将其改建为豪华酒店和商业中心。时任马德里市政府通过决议,给万达改造大厦诸多自由权及优惠。这些承诺在马德里市政府换届选举后被完全推翻	境外政府换届对企业所投项目往往有举足轻重的影响。上届政府支持,下届政府不一定支持。一个党派支持,另一个党派往往要反对。中国企业在境外投资时,应避开政府换届前实施投资。还应密切关注政府选举,并把握可能组阁党派对所投项目的态度

续表

序号	失败原因	典型案例	解决之道
14	征收或国有化	从 2007 年起，中国平安先后向比利时富通集团投资约 238 亿元，获得近 5% 的股份。2008 年全球金融危机爆发后，富通集团被比政府国有化并以低价出售。中国平安损失达 228 亿元	中国企业与当地有实力的优质合作伙伴合资，同时向中国出口信用保险公司投保
15	国家关系紧张升级	2014 年 5 月，中国与越南因南海争端升级，引发越南民众对在越中国企业打砸抢烧，中国企业遭受重大损失	中国企业海外投资要密切关注中国与该国双边关系，并对双边关系紧张或可能出现紧张的国家谨慎投资，否则项目可能因民族主义情绪而失败
16	战争	一旦投资所在国发生战争，中国企业在该国投资损失巨大。2011 年我国投资利比亚的 50 多个大型项目因利比亚战争而无法履行	中国企业尽量不要去政局不稳定或存在潜在战争风险的国家投资。即使投资也要履行适当的法律手续并注意购买投资保险。对于没有与我国签订双边投资保护协定的国家，通过与投资东道国有投资协定的国家转投
17	居民抗议	某公司 73 亿元投资缅甸密松水电站和墨西哥坎昆龙城项目因遭受当地居民抗议而被叫停	中国企业海外投资要广泛倾听当地居民对项目的意见。要选择合作方式，将此方面的风险一定程度上转嫁给当地合作伙伴承担
18	环保问题	宝钢在巴西与淡水河谷合资建设钢厂因选址靠近自然保护区和空气污染等环保问题至少两次搁浅	中国企业应加强环保风险评估并确保环保方面合法合规。中国企业在实际投资前，要广泛听取当地居民对项目的看法，并举行合法听证，既要取得各级政府的大力支持，也要征得当地居民的广泛支持
19	贪图便宜收购亏损公司	某钢铁集团购买了濒临倒闭的秘鲁国有铁矿公司，收购后罢工不断、市场行情不佳、设备失修等各种问题困扰多年，项目成了鸡肋	中国企业不收购境外亏损公司，或者在收购前一定要非常谨慎，不打无把握之仗
20	税务问题	中海油服 2008 年收购的挪威公司 Awilco Offshore ASA（现改为 COSL Drilling Europe AS），在 2013 年 11 月被挪威税务机关要求补交 2006 年、2007 年的所得税约 1.75 亿挪威克朗	建议在收购协议中明确全部由外方承担

续表

序号	失败原因	典型案例	解决之道
21	对方违约，违约金偏低	中铝公司收购力拓，力拓毁约并支付 1.95 亿美元分手费。而中铝又对为其提供并购融资贷款的 4 家中国国有商业银行违约，中铝要赔偿的违约金远远高于前者	建议在并购协议中，努力争取足以覆盖中方损失的违约金金额
22	劳工问题	中信泰富投资澳洲磁铁矿项目，难以承受当地矿工相当于教授水平的工资标准而试图从国内输送廉价劳工，因澳大利亚法律对外籍员工就业许可极其严格而未果	中国企业需要对境外劳工问题（尤其是法律）特别重视
23	所投国家经济衰退	部分新兴经济体货币汇率大幅贬值，经济衰退明显，导致中国企业亏损较为严重	中国企业需要密切关注投资所在国经济形势及长期走势和汇率变动风险。中国企业需要建立本外币资金池，统一运用所有境内外外汇头寸，通过整合集团内部多币种的外汇资源，建立动态的汇率成本控制机制和内部对冲风险机制，打造低成本资金平台，最大程度规避汇率风险
24	汇兑风险	中国企业投资"一带一路"项目，在投资、融资、建设、经营的过程中，往往需要借助国内或者国际金融机构的资金支持，因此需要兑换不同货币，这样中国企业就面临着汇兑风险，即由于外汇汇率的不确定性导致企业可能面临的经营活动的净现金流价值发生不确定性的波动，有时由于项目东道国的限制甚至出现无法汇出或汇入现金流的情况	"一带一路"沿线大多数国家风险等级偏高，而且币种偏小，在国际上流通性比较差。不仅如此，这些国家利率风险、汇率风险对冲的工具非常缺乏。在这种情况下，中国企业投资"一带一路"项目，应该重点解决汇率风险问题，比如形成人民币跟项目当地货币互换机制、扩大人民币在"一带一路"沿线区域使用的方便程度，以及更多中国金融机构为中国企业提供属地化的金融服务等，从而帮助中国企业降低汇兑风险
25	未融入当地风险	西班牙、非洲等国家多次发生华商被抢事件，一定程度上说明华商没有完全融入当地并与当地人和谐相处	中国企业及其中国员工要遵守当地法律法规、尊重当地宗教信仰和风俗习惯，履行社会责任，融入当地
26	不注重经营合规	中国企业在菲律宾、赞比亚、加蓬等国家都出现过因行贿招致诉讼并影响项目顺利推进的事件	中国企业在设立或收购当地公司后，立刻聘请当地的专业律师，依法合规开展经营，切忌为了节省费用而不聘用当地专业律师，否则代价很大

资料来源：笔者根据公开资料整理。

境外工程"全过程"法律风险识别

随着国家"一带一路"倡议的实施，中国企业开始加速进军"一带一路"工程市场，经过不断努力，成功地实施了一大批在国际上都有广泛影响的工程项目，带动了我国的相关产品、技术和服务"走出去"。

然而，与国内市场相比，国际市场具有诸多不稳定和不确定因素，中国工程企业开拓"一带一路"工程市场将面临更多的法律风险。从之前的教训来看，不少中国企业因为对"一带一路"沿线国家的法律风险认识不足，造成了重大投资损失。因此，对于走向"一带一路"的中国企业来说，首先要详细了解项目所在国的法律体系，其次要对项目本身的法律风险有科学评估。

专家指出，中国企业境外承揽工程的法律风险蕴含于承揽工程经营活动的全过程。按照工程承揽的发展阶段，境外承揽工程的法律风险分为：一是工程项目投标阶段存在的主要法律风险；二是工程项目合同谈判和签订阶段存在的主要法律风险；三是工程项目实施阶段存在的主要法律风险；四是工程项目收尾阶段存在的主要法律风险（见表3－2）。

表3－2　境外工程的"全过程"法律风险

序号	工程阶段	主要法律风险
1	投标阶段（从项目立项到招标活动完成这一阶段）	（1）法律尽职调查风险。一是走错了地方，即对工程所在国的国别市场风险判断把握不准。有些国家是我国政府申明高风险地区或建议禁止经营地区；有些是我国禁止投资的国家或地区；有些国家是地缘经济突发的地区。否则不仅导致企业经营风险，甚至可能引发外交事件。二是入错了行，即涉足我国政府明令限制的行业或项目所在国限制的行业。三是站错了队，即选择了工程所在国反对党或组织发布的项

续表

序号	工程阶段	主要法律风险
1	投标阶段（从项目立项到招标活动完成这一阶段）	目或政治色彩浓厚的项目，把正常的工程承揽加入了政治色彩。四是走错了路，即忽视我国或项目所在国法律规定的前置性审批程序或其他程序。五是找错了人，即过于信任合作方，事先没有履行应履行的调查流程或没有进行尽职调查，选错了境外合作伙伴。六是算错了账，即没有对工程项目进行可行性研究和系统性规划，造成决策性错误，进而造成巨大的经济损失。七是打错了架，即调查不明，盲目压价，造成中国企业之间在境外的恶性竞争，损害中国企业的利益，影响国家形象
		(2) 工程承包方式风险。一般在业主发布的招标文件中，基本已经确定了 EPC、BOT、PPP 等工程承包方式，各种承包方式具有不同的法律风险。企业一方面要根据自身实际能力，慎重选择承包方式；另一方面要适应国际工程建设的新形势，加强新型承包方式的学习和风险评估，加强国际 PPP 项目的实施运作能力
		(3) 工程项目投标报价风险。投标报价风险是境外工程承揽的核心风险。境外项目投标报价蕴含了政治、经济、法律、金融、环保、税务、利率、汇率等一系列因素，难度相当大。企业不能"为中标而报价"。企业要在充分的法律尽职调查和市场调查的基础上，控制好每个风险的当量和概率，对比企业风险值的承受能力，确定合理报价
		(4) 联合体报价调整风险。中国企业参与境外投标，往往几个业务互补的企业约定以其中一个比较知名的企业的名义在境外进行工程投标，中标后几个企业按约定或专业进行工程量的分配，即事实上的"联合体"。实操中由于客观因素或自身利益原因，牵头方可能在报价调整中有意或无意地做出损害联合体成员利益的事实，导致联合体成员风险加剧
		(5) 不正当竞争风险。不正当竞争风险是中国企业开拓"一带一路"市场的一大风险
2	合同谈判和签订阶段（收到业主中标通知书到合同书正式签订的阶段）	(1) 技术标准和程序与相关法律法规匹配风险。境外工程项目一般都采用比较严格的技术标准和程序，在签订合同时由于业主的专业原因或者其他客观因素，在原定标准或程序的基础上，引入本土的一些法律或规章，到项目实施阶段出现部分标准和程序与本国法律约定相抵触的情况，增加了中国企业与业主分歧争端的可能性
		(2) 工程项目结算风险。工程项目结算风险主要体现在合同对结算周期和单元的约定方面，引发风险的直接后果是导致工程项目现金流断裂。一般国际工程合同约定按月结算，如果合同约定了特殊的结算方式，那么可能会隐含着一定的风险
		(3) 税务风险。税务风险是国际工程的特有风险。不同的承包方式税务风险不一样。税务风险的主要表现是：税务筹划不当，造成税负增加，或者税务政策运用不当，造成偷税事实的形成等。税务风险不仅可能导致企业经济利益的损失，而且有可能要承担刑事责任

序号	工程阶段	主要法律风险
2	合同谈判和签订阶段（收到业主中标通知书到合同书正式签订的阶段）	(4) 适用法律风险。在境外工程承包合同中，一般适用项目所在国法律。受项目所在国法律完善程度制约，在项目实施过程中会遇到较多的当地法律没有约定的情形，尤其在发展中国家更是如此。适用法律的风险在于产生分歧或争端无法可依
		(5) 环保风险。低碳减排成为世界环境的趋势，环保将会成为各国政府项目立项的重点参考因素。环保风险是未来中国企业承揽国际工程要考虑的重要风险，否则将导致项目经济利益损失、企业形象受到影响
		(6) 争端解决风险。争端解决风险主要是由于争端机制不完善，争端解决困难，最终导致经济利益受损，严重的情况导致项目失败
3	实施阶段（项目开工到项目竣工阶段）	(1) 工程质量风险。工程质量风险一是没有按照合同约定的标准、程序施工造成质量隐患或质量事故；二是中方与业主针对质量标准、检验程序、质量证明文件认定的分歧而产生的纠纷
		(2) 工程安全风险。工程安全风险主要是违反安全法律规定导致的负面影响，造成企业经济利益损失甚至承担刑事责任
		(3) 工期风险。工期法律风险的主要表现是不能按照合同约定工期完工导致业主的工期索赔。除了加强管理外，中国企业平时要注意收集业主违约的相关证据，并按照规定的程序与业主进行文件交流，以备在业主进行工期索赔时进行反索赔
		(4) 总包和分包风险。总包和分包的法律风险是一部分"走出去"企业容易忽略的一个风险。总包法律风险的主要表现是由于总承包商疏于或怠于行使管理责任，以包代管、包而不管，分包商行为违反法律法规或者不能兑现合同约定的对业主的承诺。分包商与总包商之间属于连带责任
		(5) 劳务用工风险。劳务用工风险是指在劳务用工方面违反法律、法规或合同约定导致企业承担责任或经济利益的损失。劳务用工风险时间跨度大、适用法律复杂以及风险表现情形复杂（本书第六章"'一带一路'国际工程项目劳务用工风险及防控"一节有专门论述）
		(6) 工程量变更索赔风险。工程量变更索赔风险主要表现在：没有或没有完全遵循法律法规或者合同约定的变更工程量的程序或没有实施约定的技术标准，以及相关证明文件缺失导致的索赔失败，最终造成经济损失
		(7) 工程项目验收风险。工程项目验收风险的主要表现是在分项、分部工程验收或竣工验收过程中，由于合同约定存在验收程序不明、标准不清，致使合同双方产生争端甚至诉讼的风险。有的则是由于业主恶意拖欠工程款，借助合同约定验收程序和标准上的瑕疵，滥用业主权利，导致中方企业事实上的验收滞后，进而导致工程款不能按期收回或根本收不回

续表

序号	工程阶段	主要法律风险
3	实施阶段（项目开工到项目竣工阶段）	（8）工程项目垫支风险。工程项目垫支风险主要是垫支的合同约定不完善或无合同约定，盲目为抢进度或者轻信业主承诺，没有分析清楚项目资金短缺的原因，导致垫支款不能及时收回或根本不能收回
		（9）工程保函风险。国际工程涉及的保函主要有预付款保函、履约保函、保留金保函，保函适用的规则是国际商会见索即付保函统一规则（URDG 758）。保函的主要风险是见索即付、不可撤销和保函的承保期限。中国企业必须精通 URDG 758 规则，避免开出承保期限敞口保函和无条件见索即付保函而引发风险
4	收尾阶段（工程竣工后到工程缺陷期届满的阶段）	（1）项目档案管理法律风险。档案管理法律风险主要指企业疏于或怠于工程项目档案管理，造成企业经济利益损失。档案管理风险蕴含于工程项目承揽全过程，可能集中爆发于工程项目收尾阶段。主要表现在两个方面：一方面是对收到的具有法律或构成合同性质、证明事实的往来函件等管理不善，导致文件缺失；另一方面是管理混乱，发出的文件、函件等没有遵循应有的审批程序或者文字表达有歧义。企业务必加强档案管理，制定严格的公文、函件的收发程序及批准制度，才能有效防范法律风险
		（2）缺陷责任期风险。工程竣工交付后缺陷责任期一般为 24 个月。缺陷责任期风险主要是责任期内没有按照合同约定克服缺陷导致企业经济损失的风险。缺陷形成后，一是要明确缺陷的造成与承包商有无因果关系；二是要分清缺陷的克服责任，承包商要积极进行缺陷克服，前提是必须在分清责任的前提下进行缺陷克服；三是要正确计算缺陷责任期，不能因计算疏忽引发项目责任的延长
		（3）诉讼或仲裁风险。工程收尾阶段是各种法律风险集中释放的阶段，一是承包商与业主的诉讼或仲裁风险；二是承包商与当地分包企业的诉讼风险；三是承包商与设备供应商就质保期限、质保责任的纠纷和诉讼风险；四是承包商与当地劳工及国内派出劳工的用工诉讼风险

因此，面对境外工程项目复杂的建设与运营环境，中国企业一定要有强烈的风险识别与防范意识，未雨绸缪，重点是要提高海外投资建设的风险控制能力、适应能力和管理水平，实现与当地经济社会的良性融合。

推广"一带一路"PPP项目面临的困难

"一带一路"沿线国家和地区需要建设大量的基础设施和公共服务设施，这需要巨额的资金投入。显然，完全依靠"一带一路"沿线国家政府投资几乎不可能，亟待引进国内和国际的社会资本以 PPP 模式合作。然而，从实际情况来看，"一带一路"PPP 项目存在诸多亟待解决的难题。

1. 缺乏制度性的支撑

研究发现，虽然 PPP 模式在世界各国尤其是发达国家和部分发展中国家快速发展，但在国际上，仍然未有一套通用的、专门的关于 PPP 项目的法律，这无疑给国外资本投资本国 PPP 项目造成了障碍。进一步而言，中国企业投资建设"一带一路"PPP 项目，将面临各国不同的 PPP 法律环境的现实困难。因为世界各国的政治、法律环境差异明显，很多国家对 PPP 项目设置自己的规范标准来进行约束。例如，有些采取大陆法系的国家通过设置单独的行政法规来明确 PPP 项目的责权利关系，政府与私营企业之间的合同约定不能违反本国法律法规的基本原则、政府为了公共利益享有单方面变更合同的权利、私营企业享有项目建设期间由于不可抗力因素而导致的项目成本增加补偿权；与之相反的是，在大多数采取普通法系的国家，没有专门的 PPP 项目约束守则，基本上由普通法律如民法、劳动法等来规定商业交易的几乎所有的基本原则。

据介绍，在"一带一路"倡议逐步实施的当下，针对"一带一路"PPP 模式，目前，我国还没有联合沿线各国政府形成一整套适合中国企业操作的区域性 PPP 规范和操作流程，因此无法对中国企业在"一带一路"获得 PPP 项目方面起到制度性的支撑作用。此外，在融资方面，政府对项目前期扶持力度不够，如很多"一带一路"PPP 项目资金来源完全依赖国家开发银行、亚洲基础设施投资银行、丝路基金，一旦遇到国际金融市场波动的情况，PPP 项目将面临很大的资金风险。

2. "一带一路"PPP 项目盈利前景不明朗

调研显示，"一带一路"沿线多为发展中国家，突出特点是经济水平相对落后，基础设施建设比较薄弱，产业结构比较单一，国内经济状况受国际资源和能源价格的波动影响大。反过来，中国企业在"一带一路"沿线国家和地区投资的项目多为大型基础设施建设项目，实践中将面临投资规模大、风险因素多、建设运营周期长和收益偏低的现实风险，盈利前景并不明朗。

3. 私人资本参与 PPP 项目不足

如上所述，PPP 是英文 Public – Private – Partnerships 的简称，即公私合作模式。国际上 PPP 模式的第一个"P"指的是政府，第二个"P"指的是私人资本（在我国指的是社会资本，包括央企、地方国企、民企、外资和混合所有制企业），第三个"P"指的是政府与私人资本建立良好的合作伙伴关系。研究发现，当前"一带一路"基础设施项目的融资以政府和国际组织（如亚洲基础设施投资银行、丝路基金等）为主，还没有开发出适合私人资本参与的项目。而从全球范围来看，私人资本投资基础设施领域的占比很低，不足 0.8%，连 1% 都不到，这与私人资本充裕的资金规模并不相称。

以我国为例，公开资料显示，我国民间投资是非公有制经济的投资主体，而非公有制经济创造了 60% 左右的 GDP、80% 的就业和 50% 的税收。可以说，民间投资在我国社会经济中占有非常重要的地位，激发民间投资的活力，对中央提出的稳增长意义重大。我国目前大力推广 PPP 模式，其中一个重要目的就是大幅拓展民间资本的发展空间，激活民间资本的投资活力，提高民间资本参与 PPP 的动力，从而发挥投资拉动经济增长的关键作用。在政策方面，我国政府鼓励 PPP 项目向民间资本放开，在化解地方债务风险、缓解政府财政压力、转变政府职能、提高项目运营效率的同时，将进一步畅通民间投资渠道，为民间资本参与基础设施和公用事业项目提供便捷的机会，也为民营企业提供了更为广阔的投资发展空间。

与此同时，目前我国经济发展进入新常态，民营企业也面临着加速转型升级的重要任务。而通过 PPP 模式加入到基础设施建设和社会公用事业项目建设，为民营企业自身转型升级提供了新的动力和方向，民营企业也寻找到了新的发展机遇。实际上，与国企相比，民企在综合实力上并非完全"落下风"。民营企业参与 PPP 项目有其自身优势，比如操作灵活、决策快、审批流程快，节约 PPP 项目磋商时间，节省大量的时间成本和人力、物力成本，在推进 PPP 项目的洽谈、建设、运营和维护等环节有比较明显的优势。

显然，PPP 模式将推动"一带一路"基础设施建设的大浪潮，"一带一路"沿线国家应该在金融、财政、税收等诸多方面出台优惠政策，吸引包括中国企业在内的私人资本积极投资沿线 PPP 项目。

4. 社会资本多数持观望态度

PPP 模式的应用领域主要是基础设施建设和公共服务项目建设，而基础设施建设工程具有投资规模巨大、建设运营期长且投资回收慢的特点，这些都决定了"一带一路"PPP 项目的成败与项目所在国的政治环境、经济环境、法律环境、人文环境以及地理环境密切相关。以交通基础设施建设为例，从全球实践经验来看，交通基础设施建设不仅投资规模大（通常高达几十亿美元甚至上百亿美元），而且回收期长（通常需要二三十年甚至更久时间），其对投资、建设与运营的主体要求很高，因此需要由更具资金、技术和管理实力的大型企业来完成。

调研结果显示，由于"一带一路"沿线国家和地区的投资环境比较复杂，因此使得包括中资实体企业在内的各类社会资本对投资"一带一路"基础设施建设项目持观望态度。

显然，当下需要提高包括中国企业在内的各类社会资本对"一带一路"PPP模式的关注度和参与度，尽快形成"一带一路"沿线国家政府、国内国际社会资本、国内国际金融机构和运营企业等各参与方"共赢"的新格局。

5. "一带一路"PPP项目与政府援助项目的区别

基于"一带一路"PPP项目多为基础设施建设项目和社会公共服务项目，比如道路、桥梁、机场、水库、港口等，而此前我国在许多发展中国家开展的政府援建类项目很多也是基础设施建设项目，因此很多人将"一带一路"PPP项目与政府援助项目混为一谈。

实际上，"一带一路"PPP项目与政府援助项目具有本质的区别，其中最根本的区别在于商业属性。

作为一种国际上通行的投融资模式，PPP模式本身是一种商业模式，以营利为目的，不是纯公益的。进一步而言，虽然大多数PPP项目（例如，交通、市政工程、生态建设和环境保护、文化、教育、医疗养老等项目）本身盈利性不高，但从根本上来说，无论哪一类社会资本（主要是产业资本和金融资本）参与PPP项目，其根本的目的就是营利，而不是做公益，这既是PPP项目公司的需要，也是社会资本各股东方的要求。否则，不以营利为目的的纯公益，社会资本是不会参与的，而且这也不符合商业经济的规律。事实上，如果社会资本参与PPP项目后，项目长期不盈利甚至严重亏损，社会资本将面临巨大的投资回报压力和股东压力，出于经济利益考虑，社会资本要么在运营上做文章（比如污水处理厂药剂不合格、处理不达标、偷排等，这方面的例子有很多），要么项目运营持续不下去而退出，最为严重的情况是项目破产，最终受损的不仅是社会资本，还包括政府（没有实现携手社会资本完成基础设施建设和社会公用事业的目的）和社会公共利益（生产和生活质量没有得到改善、提高）。当然，这有违采用PPP 模式解决政府财政压力、提高项目建设和运营效率、维护社会公众利益和社会资本实现投资回报的初衷。

严格来说，PPP 模式的营利性要求是"盈利不暴利"：PPP 模式主要应用于基础设施建设和社会公用事业领域，这种性质决定了它需要在社会资本收益和公共利益之间寻求一种平衡。对社会资本而言，既要实现合理回报，又要避免暴利。对政府而言，需建立科学的投资回报机制，不能打着社会公益性的旗号让社会资本承担所有的风险却接受最低回报，这不仅不利于社会资本积极投入到 PPP项目的建设和运营，而且不利于提高项目的建设和运营质量。

总之，如果 PPP 项目长期不盈利或亏损，项目就不会持久。也就是说，PPP项目必须符合商业经济规律。相反，政府援助类项目从根本上不是以营利为目的，比如政府援助贷款一般利息较低、还款期较长，有时甚至是无息贷款。

实践中，部分"一带一路"沿线国家和地区将 PPP 项目理解为中国政府的援助，从而忽略了 PPP 项目的商业属性，导致项目所在国政府（社会资本）对PPP 项目理解不一致，有时甚至理解差异甚大。在这种情况下，中国企业要开拓"一带一路"市场，与项目所在国合作 PPP 项目，难度相当之大。

第四章

"一带一路" PPP 项目的风险防范

如何控制"一带一路"PPP 项目风险

"一带一路"倡议涉及 60 多个国家和地区,且各个国家和地区之间的社会发达程度、经济环境、法律环境、地理条件、人文环境等差异很大,对走向"一带一路"的中国企业而言,总结起来就是"风险因素复杂多样"。与此同时,中国企业在开拓"一带一路"市场时,很多项目采取的是 PPP 模式。而 PPP 模式本身就有法律政策变更风险、政府信用风险、融资风险、建设风险、环境风险等。因此,中国企业投资"一带一路"PPP 项目将面临各种错综复杂的风险。面对严峻的挑战,各类社会资本应该未雨绸缪,并与 PPP 项目所在国政府建立长期、稳定和可持续的合作伙伴关系。

调研发现,与欧美发达国家和地区相比,"一带一路"沿线的部分国家和地区主要存在的风险有经济发展水平较低、法律法规不完善、市场环境较差、政局动荡甚至战争等。因此,对于致力于走向"一带一路"的中国企业,一定要综合考虑"一带一路"沿线国家和地区的各类风险因素,并制定出详细的有针对性的应对方案,从而将"一带一路"PPP 项目的风险降到最低。

1. 详尽调查 PPP 项目东道国的法律政策环境

如上所述,无论是 PPP 项目东道国政府信用风险、环境风险、征收或国有化风险,还是税务风险、劳工风险,从很大程度上看,这一系列的风险都指向法律风险。

说到底，法律风险是中国企业需要面对的重中之重的风险。

"一带一路"沿线有 60 多个国家和地区，涉及亚洲、欧洲、非洲、南美洲、大洋洲等大洲。而就法律体系而言，各个国家并不尽相同：有的国家属于大陆法系①，有的国家属于英美法系②，有国家属于伊斯兰法系③，还有的国家则属于混合法系。鉴于此，"一带一路"沿线国家无论是法律体系、法律文化还是法律环境均不相同，给市场主体带来一系列不确定性法律风险，这要求包括中国企业在内的海外社会资本在投资建设"一带一路"沿线国家时，一定要充分调查、深刻了解 PPP 项目东道国的法律体系，以便为下一步操作项目、规避风险奠定坚实的基础。

那么，怎样才能迈好这关键性的一步呢？建议认为，中国企业要多方谋划，组织专业的项目团队或聘请国内外咨询机构，对项目东道国的相关法律制度进行详尽调查，尤其要对 PPP 项目投资需求和投资风险进行梳理，形成项目东道国 PPP 投资实务操作手册，以提高投资的针对性和有效性，规避法律风险。

进一步而言，中国企业要加强"一带一路"项目法律风险管理体制机制建设：一是建立健全企业法律合规工作体系，配齐、配强法律合规工作人员，尤其是境外施工项目部要配齐配强项目律师；二是制定并完善法律合规工作制度，切实可行的制度是保障工作顺利实施的捷径；三是建立法律法规信息收集识别更新机制，针对境外市场情况开展分国别、分项目的境外法律风险排查工作，确立主要法律风险清单加以重点防控；四是及时收集整理并组织学习中国企业"走出去"的典型风险防范和诉讼案例，达到举一反三、吸取经验教训的效果；五是制

---

① 大陆法系是指欧洲大陆上源于罗马法、以 1804 年《法国民法典》为代表的各国法律，所以大陆法系也称罗马法系或民法法系。1896 年，德国以《法国民法典》为蓝本，制定了《德国民法典》，该法典以后为一些国家所仿效，故大陆法系又称为罗马—德意志法系。属于这个法系的除法、德两国外，还有奥地利、比利时、荷兰、意大利、瑞士、西班牙、明治维新后的日本和亚、非、拉部分法语国家或地区的法律。

② 英美法系也称"普通法系""英国法系""判例法系"。是以英国普通法为基础发展起来的法律的总称。它是指英国从 11 世纪起主要以源于日耳曼习惯法的普通法为基础，逐渐形成的一种独特的法律制度以及仿效英国的其他一些国家和地区的法律制度。产生于英国，后扩大到曾经是英国殖民地、附属国的许多国家和地区。英美法系是西方国家中与大陆法系并列的历史悠久和影响较大的法律，注重法典的延续性，以传统、判例和习惯为判案依据。

③ 伊斯兰法系也称"阿拉伯法系"。中世纪信奉伊斯兰教的阿拉伯各国和其他穆斯林国家法律的总称。以《古兰经》和《圣训》（穆罕默德言行录）为主要内容。

定有针对性的法律风险防范措施及应急预案,并加强在企业各个层面上的法律法规和风险应急预案培训;六是建立"一岗双责"的绩效考评和问责机制,将法律风险防范职责落实到各个岗位。

2. "一带一路"PPP项目的法律风险控制

(1)利用相关双边或多边法律文件进行风险控制

一是双边投资保护协定。双边投资协定不仅可以有效保护跨境投资者的权益,同时也为东道国创设了良好的投资环境,以承诺保护投资的形式吸引外资的投入。双边投资保护协定在国际上对缔约国具有强有力的法律拘束力。若当事国一方不遵守条约义务,就会产生国家责任。双边投资保护协定已为许多国家广泛采用,成为保护投资的最为重要的国际法制度。

二是多边机构风险减少机制。在保护 PPP 国际投资方面,IBRD、IDA、MI-GA 和 ICSID 等多边机构发挥着无可替代的高效作用。

(2)采用融资担保方式

常见的国际 PPP 担保方式包括:完工担保、东道国财税优惠的承诺函/宽慰函、产品或服务销售权益转让、不动产抵押、SPV 股权质押、特许经营权抵押等。担保方式的法律适用、有效性、实现方式、实际效用都需要发起人和贷款银行进行详尽的尽职调查。

(3)运营中对价格进行监管

PPP 项目成果运营的核心是提供的产品和服务的合理价格,这是东道国、社会资本、融资机构共同关注的。东道国的价格主管机构将决定价格是否能在东道国提供福利、社会资本获得收益、融资机构保证贷款安全的价值选择中达到平衡。因此社会资本的营运人需要从合同条款、东道国价格监管法律机制等角度提前着手规避相关法律风险。

3. 规避国外投资壁垒问题和限制性行业

通常情况下，出于保护本国产业需要，包括欧美发达国家在内，一个国家对海外投资（此处指外资对本国投资）都有相关限制性的规定，设置投资壁垒。只是不同的国家，设置的投资壁垒有所不同，比如美国对外资的限制主要是技术、知识产权和国家安全等壁垒①，而欧盟国家主要是通过设置准入限制和国民待遇等形式进行干预。欧盟很多成员国对银行、钢铁和能源部门设置障碍。而在发展中国家，由于产业基础比较薄弱，壁垒设置相对会更多、更严格，比如某国《建筑法》规定，外国投资者可以合资企业的形式进入该国建筑业，但外资在建筑合资企业中的持股比重不得超过 49%。又比如，某国《矿产法》规定，企业在准备转让矿产开发权或出卖股份时，须经本国能源和矿产资源部审批，而能源和矿产资源部在发放许可证时享有很大的自由裁量权，有权拒绝发放许可证。此外，某国不仅可以优先购买矿产开发企业所转让的开发权或股份，还可以优先购买能对矿产开发企业决策产生直接或间接影响的其他企业所转让的开发权或股份。分析指出，某国这种规定和安排，对外国投资者进入（尤其是收购）或退出该国矿产企业构成了实质性障碍。如果外资企业对这一极大限制外资股权的法律规定不了解，贸然进入后将面临很大的法律风险。

2015 年 10 月，汤森路透发布了《中国企业全球化的机遇与挑战》白皮书，在法律政治风险方面，白皮书指出，欧美发达国家和多数发展中国家对于外资监管制度存在较大差异，发达国家在行业准入方面的限制不多，但它们依靠反垄断调查、国家安全审查、外资审查等政府监管制度；发展中国家和欠发达地区，对于外国投资在产业政策、外汇管制、行业准入方面可能会有限制性或特殊规定。

① 美国长期奉行自由政策，基本不设限制，但在航空、通信、原子能等相对敏感行业中有限制性规定。2007 年美国颁布的《埃克森—佛罗里奥修正案》《2007 年外国投资法和国家安全法》和 2008 年颁布的《关于外国人收购、兼并和接管的条例》构成了美国投资管理的基本制度。

具体来说,"一带一路"建设主要涉及大量基础设施(如公路、铁路、港口、机场、水库等)和能源(如矿山开发、油气开采、发电等),此外,还有市政设施(如供水、供气、污水和垃圾处理等)和公共服务(如教育、体育、文化、医疗等)。总的来说,这些领域基本属于 PPP 的范畴。中国企业如果投资"一带一路"PPP 项目,一定要提前做好文章,下好功夫,甚至借助第三方力量深入调查了解项目所在国哪些行业可以投资,哪些行业属于限制性行业而不能轻易涉足。否则,一旦花费大量人力、物力和时间投资某一个行业,最后发现这个行业属于项目东道国限制外资投资的行业,那就进退两难了。

4. 高度重视政治不确定性风险

世界经济论坛发布的《2015～2016 全球竞争力报告》显示,"一带一路"沿线部分国家的政党轮换频繁或政局不稳,对投资等商业活动的影响较大。因此,中国企业在投资这些国家的 PPP 项目时,要高度关注政治不确定性风险。

业内专家建议,中国企业投资"一带一路"沿线国家和地区,一定要紧密围绕六大经济走廊①,根据我国政府与其他国家政府层面的沟通进度安排项目投资合作计划,同时在项目投资的过程中寻求我国商务部、大使馆等政府部门的支持协助,尽可能降低项目投资风险。

5. 充分考虑合作各方的利益诉求

中国企业投资"一带一路"PPP 项目,需要与 PPP 项目东道国政府或者代表

---

① 中国正与"一带一路"沿线国家一道,积极规划中蒙俄、新亚欧大陆桥、中国—中亚—西亚、中国—中南半岛、中巴、孟中印缅六大经济走廊建设。

东道国政府的企业进行协调、谈判，以达成合作关系。然而，在 PPP 项目谈判过程中，面对项目东道国政府或者代表东道国政府的企业，中国企业往往处于劣势地位。究其原因，主要还是中国企业海外项目实践经验不足，尤其是法律方面的能力不够。

那么，中国企业如何摆脱弱势地位，如何妥善处理与项目东道国政府的关系，避免项目谈判和合作中的被动局面，规避 "一带一路" PPP 项目风险？答案是：中国企业需要与 "一带一路" 沿线国家的政府、社会资本和当地居民开展密切合作，在促进沿线国家经济发展的同时，还要充分考虑合作各方的利益诉求，实现合作各方的共同受益。中国企业要更好地开拓 "一带一路" PPP 市场，一定要结合 PPP 模式的不同特点，分别与 PPP 项目东道国政府、相关社会资本、金融机构、项目当地居民开展股权层面、债权层面和雇佣层面的合作，绑定各方利益、发挥各方优势、提高各方积极性，从而降低 PPP 项目投资风险。

"一带一路"国际工程项目劳务用工风险和防控

所谓劳务用工风险是指在劳务用工方面违反法律、法规或合同约定导致企业承担责任或经济利益的损失。劳工管理是海外项目实施顺利与否的重要影响因素，且因国家、区域、项目大小等具体情况不一样。近年来，国际工程项目因劳务用工问题的出现，如罢工、集体怠工、围堵所在国当地政府、不同国家工人打群架等事件屡有发生，导致项目施工进度受到影响、企业经济和声誉受到损失，甚至导致项目失败。

对投资建设"一带一路"工程项目的中资企业而言，劳务用工风险是最为复杂的风险之一，其具有风险隐藏时间跨度大、适用法律复杂等特点。

1. "一带一路"国际工程项目劳务用工风险的形式

中国企业投资建设"一带一路"国际工程项目，在诸多风险中，劳务用工是非常突出的一种风险。究其原因，主要是劳工管理是企业与当地人直接产生联系的最为密切的管理活动，并与企业的形象和声誉息息相关。如果劳工管理得当，不仅会建立中国企业与当地人的良好关系，而且有利于项目的顺利建设，实现当地政府、企业和社会公众各方的目的。反之，如果在项目建设和运营过程中劳工管理不当，闹出严重的劳资纠纷，轻则延缓项目的推进，重则受到业主的重罚甚至终止合同，造成不可估量的损失。

分析指出，一般来说，国际工程项目劳务用工风险表现形式主要有五种：一是劳动法律适用风险，工程所在国国家法律政策特别是有关外国人就业的法律政策对于国际工程的用工方式和管理模式具有很大影响[①]；二是招聘中国籍务工人员赴境外务工的法律风险[②]；三是招聘境外人员的雇工风险（雇用项目所在国劳工的风险主要包括劳动合同形式风险、工资支付风险、社保、休假制度、集体协议和解聘保护等风险）；四是劳务配额风险；五是工会监督风险，工会代表劳工提出各项改善待遇的要求时，必须协商解决，否则可能会导致罢工。因此，中资企业必须熟悉海外相关劳动法律法规，并严格按章办事，从而规避劳务用工风险。

2. "一带一路" 沿线国家劳动用工制度

调研发现，"一带一路"沿线每个国家的具体情况千差万别，法律法规、民族习惯、宗教信仰、历史问题等均会对劳工管理产生影响，投资建设"一带一路"的企业要具体问题具体分析。以部分非洲国家为例：由于经济基础比较差，一是部分非洲国家基础教育较为薄弱，造成成年劳工文化水平较低；二是非洲国家长期没有大规模建设工程和工业，导致技工严重缺乏，尤其是偏远地区完全招聘不到技工；三是劳动纪律较差，非洲人天性乐观、散漫，甚至会出现前一天发工资，第二天大部分工人不来上班去唱歌喝酒跳舞的现象，这些都是企业需要注意的。

---

① 据介绍，劳动力政策和就业问题在每一个国家都是敏感问题，各个国家对此一般都有比较严格的规定。中东、中亚等地区劳动力缺乏，非洲地区许多工种的熟练建筑工人也十分短缺，这些国家关于国外劳动力输入的政策比较宽松。新加坡、日本、印度等国家允许部分输入国外劳务。欧洲（特别是西欧和北欧）、澳大利亚、北美等地区国家，对于劳动力的输入和工作签证管理非常严格。

② 一般国家都规定，在本国工作的外国人无论时间长短都必须取得工作许可。同时，中国籍务工人员赴境外务工，用人单位的程序和待遇还要符合中国法律的要求。

3. "一带一路" 国际工程项目劳务用工风险防控

（1）熟悉项目所在地劳动法律

投资"一带一路"工程项目的中资企业，一定要熟悉项目所在国的劳动法律，从而降低项目劳动用工风险。以"一带一路"沿线国家越南为例，越南规定劳动关系的主要法律是 2012 年《劳动法》，明确规定适用于在越南工作的外国人，基本原则是在越南工作的外国人必须遵守越南的劳动法律，除非越南作为签约国的国际条约另有规定。但越南《劳动法》不适用于根据外国劳动合同进行的管理。

以某中资企业海外工程失败项目为例，项目在投标时，某中资企业对项目所在地的情况非常不熟悉，对当地的劳动法律和劳工情况更是知之甚少。结果在项目中标建设过程中，发现当地工人比较懒散、信用状况不佳，且分包效率低下（如当地分包实行严格的 8 小时工作制，而国内分包是一天 24 小时三班倒）。在这种情况下，工程建设缓慢，根本无法像国内工程那样进展迅速，最后，某中资企业建设成本大大增加。

（2）制定符合项目所在国法律的各项劳动管理制度

在国际工程合同中一般对员工问题有明确规定，比如雇主要求总包商和总包商要求分包商劳务人员遵守当地法律、具备相应的资质和技能、遵守劳动纪律和相关的规章制度；同时要求承包商或分包商为员工提供相应的劳动条件、工资报酬、工作时间、食宿交通条件、健康安全条件等。

近年来，在"走出去"的大背景下，中国企业在海外市场一路高歌猛进。与此同时，项目劳工管理也由初期的粗放式管理向精细化管理发展，如薪酬管理制度、社会保险管理制度、劳动纪律制度、安全管理制度等相关管理制度不断完善，为工程项目的顺利建设奠定了坚实的基础。然而，需要指出的是，按照建立现代企业管理制度、稳步开拓海外市场等要求，中国企业在熟悉海外项目所在地法律、科学管理劳工方面，还存在较大的差距。因此，中国企业需要充分了解项目所在国的法律法规、风俗习惯、宗教信仰，制定符合项目所在国法律法规、风俗习惯、宗教信仰的管理制度，规范化、科学化管理，既维护务工人员权利，同时也保护企业自身利益。

(3) 做好劳工合同管理

中资企业开拓"一带一路"市场，面临劳动用工风险，主要包括劳动合同形式风险、工资支付风险、社保、休假制度、集体协议和解聘保护等风险。从实践经验来看，中资企业重点是要做好劳务合同管理，以合同的方式与当地工人开展合作、解决纠纷。以非洲为例，虽然多数非洲国家经济落后，但大多数都有成系统的劳动法，而且当地各个政党在选举时也多数会以提高最低工资标准、修改更有利于雇员的劳动法等为宣传口号争取选民。因此，中资企业在开拓"一带一路"非洲国家市场时，重点要做好劳工合同管理。

专家指出，在劳工合同管理中，需要注意以下重点：一是劳工合同期限。与我国劳动法相似，各国也对劳动法试用期、合同期有相应的规定。但部分国家劳动法中有"永久雇佣①"的条款，如果企业不注意，超期使用的临时工劳工管理部门会认为自动转为合同工，对劳资纠纷解决极其不利。二是劳工工资。在国外，如果企业开出的月最低工资低于法定工资，即使劳工同意，一旦被劳动部门查处依然会处以重罚并要求企业补发工资。这里需要警示的是，中资企业要慎重对待劳工涨工资的要求。对企业而言，要有足够的智慧和毅力，既不能过于强势，关上谈判的大门甚至处理带头者将事情闹大甚至发展到不可收拾的境地；也不能无原则地让步，陷入劳工管理"一闹就涨，涨了再闹"的恶性循环。中国企业应该详细了解情况，和劳工反复磋商，解决劳工的合理诉求。

(4) 重视外派务工人员的心理问题

国际工程项目的落地，最终还是需要包括国内外高级管理人员、技术人员、

---

① "永久雇佣"是指企业雇用一名工人一定期限后，不管签订的合同期限如何，企业除在《劳动法》中规定的开除理由的情况下，禁止开除。

工人等方方面面的人员来完成。具体来说，国际工程项目的管理人员和建设工人，主要有三个方面的来源：一是由承包商所在国输入；二是在工程项目所在国当地聘用；三是由第三国聘用。中资企业在国外承接的绝大多数工程项目，一般情况下关键人员全部或部分由中方人员担任，劳务工人则根据各国劳动法律规定情况和项目成本等决定是否使用和使用多少国内劳务。国内劳务是中资企业开拓海外市场的重要力量。

众所周知，"一带一路"沿线涵盖中亚、南亚、西亚、东南亚、非洲和中东欧等国家和地区，该区域主要是新兴经济体和发展中国家。中资企业投资和建设"一带一路"国家，一方面，境外项目工程复杂，项目所在地的自然环境、人文风俗、语言与国内差异很大；另一方面，国际务工人员远离故土，长期在条件艰苦的地方工作，孤独、寂寞、焦虑，容易出现心理问题，应该引起企业的高度重视。

专家认为，在外派务工人员招聘上，企业需要建立人员心理素质测评系统，在向员工详细说明海外的工作内容、工作职责和工作环境后，通过专业测试（人格、职业倾向、心理健康水平等），根据测试结果评估其是否适合海外长期工作；加强外派人员心理健康培训，告知劳工在国外可能会遇到的困难和问题，并派专业心理老师教授其自我调节的办法；劳工外派期间企业多给予人文关怀，提供心理健康辅导和咨询，举办丰富多彩的节假日活动，使其远离孤独、寂寞、烦躁等负面情绪。

（5）妥善处理与当地政府和项目所在地村民的关系

工程建设项目需要处理好与政府和项目所在地村民的关系。国内尚且如此，国外更应慎重对待。

事实上，"一带一路"沿线很多都是发展中国家，法治不健全，只有和政府官员、地方领袖建立良好的关系，充分得到他们的支持，很多棘手的问题才可以迎刃而解。例如，某"一带一路"PPP项目，中资企业为当地居民提供超过200个工作岗位，还积极履行社会责任，为当地村民送水、急需的药品、衣物并为当地建设小学等。

(6) 重视工程索赔工作

国际工程项目的操作模式和国内有很大不同，其中国际工程项目尤其重视书面工作。比如索赔，及时发现索赔机会，留下记录和证据，准备详细的索赔资料，完成专业的索赔报告，使得索赔的成功率大大提高。

设置科学合理的 PPP 风险分配机制

经济全球化和世界多极化的进程加快，各个国家之间在经济发展水平方面参差不齐，尤其是发达国家与发展中国家之间在基础设施建设方面存在明显的差异与不均衡。"一带一路"涉及60多个国家，每个国家经济发达程度不同、法律环境不同、文化风俗不同。社会资本投资"一带一路"可能面临政治、经济、自然、文化等方面的风险。PPP是政府与社会资本为提供公共产品和服务而建立的伙伴关系，以授予特许经营权为基础，以"利益共享、风险分担"为特征，通过引入市场竞争和激励约束机制，发挥政府和社会资本双方优势，提高公共产品和服务的质量和供给效率。建立公平合理的风险分担机制，让更有能力、更有优势的一方承担相应风险，从而实现项目整体风险的最小化，确保PPP项目长期稳定地运营。因此，从"利益共享、风险共担"的角度出发，"一带一路"与PPP模式坚持的原则相同。

PPP模式的核心原则是"利益共享、风险共担"，因此，中国企业投资"一带一路"PPP项目，一定要与东道国政府约定好各自的权利义务，设置科学合理的风险分配体系。在风险分担和利益分配方面要兼顾公平与效率：既要合理分担项目风险，又要设置科学的利益分配机制。以我国为例，从2014年下半年开始，我国从中央到地方大力推广PPP。经过这几年的实践，我国在PPP方面积累了较为丰富的经验。但相比之下，中国企业投资建设"一带一路"PPP项目时，面对的是国外更为复杂的政治环境和经济环境，不确定性风险因素更多。因此，中国企业需要加强与PPP项目东道国政府之间的紧密合作，实现风险共担和利益共享。

PPP 模式的特点是政府、社会资本和社会公众的多方合作共赢。作为"走出去"的中国企业，一定要积极履行社会责任，充分考虑 PPP 项目东道国政府、合作伙伴、当地社区居民的合理关切，通过公益事业改善民生和环境保护，努力建设双赢、多赢的命运共同体。①

近几年来，随着我国大力推广 PPP，已经摸索和总结出了比较丰富的经验，其中便包括 PPP 项目风险分担机制。可以说，我国的 PPP 风险分担机制值得"一带一路" PPP 项目政府与社会资本借鉴。

科学合理的 PPP 项目风险分担机制是成功运用 PPP 模式的关键所在。我国财政部《关于印发政府和社会资本合作模式操作指南（试行）的通知》（财金〔2014〕113 号）对 PPP 项目的风险分配基本框架作了规定：按照风险分配优化、风险收益对等和风险可控等原则，综合考虑政府风险管理能力、项目回报机制和市场风险管理能力等要素，在政府和社会资本间合理分配项目风险。原则上，项目设计、建造、财务和运营维护等商业风险由社会资本承担，法律、政策和最低需求等风险由政府承担，不可抗力等风险由政府和社会资本合理共担；我国国家发改委《关于开展政府和社会资本合作的指导意见》（发改投资〔2014〕2724 号）指出，按照风险收益对等原则，在政府和社会资本间合理分配项目风险。原则上，项目的建设、运营风险由社会资本承担，法律、政策调整风险由政府承担，自然灾害等不可抗力风险由双方共同承担（见表 4 - 1）。

表 4 - 1　PPP 项目风险矩阵

风险因素	政府	社会资本	共同分担
设计建设		√	
融资		√	
运营维护		√	
市场需求			√
不可抗力			√
移交		√	

① 以中石油为例。中石油公益事业投入几乎涵盖所有项目所在国，直接受益人数达 200 多万人，如在哈萨克斯坦资助近千名优秀学生到中国留学，在缅甸新建和改建 72 所学校、30 所医院和电力、道路桥梁、供水等基础设施，帮助中缅原油管道的起点马德岛通公路、通水、通电。

续表

风险因素		政府	社会资本	共同分担
法律变更	政府可控的	√		
	政府不可控的			√
系统性金融风险				√

以国内某道路 PPP 项目为例（见案例 4 - 1）。

【案例 4 - 1】

一、项目背景

华北某县地理位置十分优越，周边与三个省十多个市县相邻，县城面积 10 多平方千米，县城人口近 20 万人，现已形成以电力、化工、商贸为支柱的产业结构。近年来，某县加快经济转型，并启动新城建设，因此需要优先建设主次干道及各种配套的市政管线，为企事业单位及居民区的入驻、出行提供条件。依据《某县县城道路专项规划》，某县县城道路系统形成以主干路、次干路为主体的方格网道路，上马某县道路工程（以下简称"本项目"）。本项目的修建将完善新城道路网系统，促进道路沿线土地开发、提高该区域的道路通行能力，为新城道路交通建设和经济发展提供保障。

二、基本情况

本项目为道路新建工程，建设内容包括道路路基路面、雨水工程、污水工程、给水工程、照明工程、强弱电工程、绿化工程。道路红线宽度为 24 米，道路等级为城市次干路，设计车速 40 千米/小时，道路总长 2100 米，总投资估算 0.75 亿元人民币。本项目建设周期为 2 年，设计使用年限 15 年。

三、合作模式

本项目采用 PPP 模式下的 BOT 方式操作。经过公开招标，社会资本某建设工程公司中标，由某县政府和某建设工程公司共同成立的 PPP 项目公司负责本项目的投资、融资、建设、运营和维护。PPP 项目公司注册资金 2000 万元，其中政府投资 10%，社会资本方投资 90%。

四、项目风险识别与分配

本项目社会资本某建设工程公司对风险进行了详细的分析和论证，同时，合作双方对项目风险进行了合理的分担，确保了本项目的加速落地。

（一）风险识别与分配

本项目投入大、建设周期长，且涉及拆迁工作，工程复杂庞大，必须对各种风险进行认真分析、充分论证，做好相应的准备。

1. 征地、拆迁风险

本项目征地、拆迁过程中，可能会由于各种不可预见的风险造成拆迁进度受阻，以致影响整个工程进度及土地出让计划。对于征地、拆迁过程中的风险，某县政府建设部门把某县基础设施建设工程作为构建和谐社会、推进城市建设的具体措施，各部门积极主动配合，保护最大多数群众的根本利益和长远利益。真正做到依法拆迁、规范拆迁、阳光拆迁、和谐拆迁，使本项目真正成为一件得民心、顺民意的好事。

2. 政策风险

政策风险是指由于国家宏观政策（货币政策、财政政策、投资政策、外资政策、行业政策等）和地方政策发生变化，从而导致项目建设出现资金短缺、招商引资困难、无法顺利进展的风险。

3. 投资风险

本项目建设的投资风险主要有资金风险、利率风险和信贷风险，根据投资收益，本项目完全没有经营性收入，需要政府财政投入，并积极引进各种社会资源的投入。

4. 工程风险

工程风险指的是工程项目建设过程中出现工期超时、预算超支或质量达不到要求的风险。本项目由 PPP 项目公司投资、建设和运营，具体由某建设工程公司进行建设。某建设工程公司具有丰富的行业经验，建设过多条高等级的公路和普通公路，因此本项目工程风险低。

（二）风险分配问题

PPP 项目是政府与社会资本之间的长期合作关系，合作期限长达二三十年。PPP 的核心要义是强调"利益共享、风险共担"。因此，合理的风险分担成为当下政府和社会资本重点考虑的问题。

本项目风险分配见表 4 - 2。

表 4 - 2　某县道路工程风险分配表

风险类别	某县政府	某建筑工程公司
征地、拆迁风险	√	×
政策风险	√	×
人为风险	√	√
投资风险	×	√
工程风险	×	√
不可抗力风险	√	√

此外，鉴于"一带一路"PPP 项目投资规模巨大、建设运营期限长，存在各种不可控的风险因素，中国企业需要结合 PPP 项目东道国的政治环境、法律法规、人文风俗，并根据 PPP 项目融资、建设、运营等不同阶段不同类型的风险分别进行投保以分担风险。实践中，中国企业作为社会资本，主要通过签订包括货物运输险、建筑工程险、第三人责任险等降低或者转移风险。而对于没有与我国签订双边投资保护协定的国家，通过与项目东道国有投资协定的国家转投。不仅如此，中国企业还可以与东道国有实力的优质合作伙伴合资合作，向中国出口信用保险公司投保等。

央企参与"一带一路"
PPP 项目风险防范

在"一带一路"倡议的东风下,中国企业尤其是央企迎来了新一轮投资建设机遇。与此同时,"一带一路"沿线国家多达 60 多个,经济社会发展程度和法律环境不一,部分发展中国家抵御外部经济风险能力较弱,如何做好风险控制对走向"一带一路"的央企提出了严峻的挑战。

1. 央企自身方面

央企投资建设"一带一路"PPP 项目,主要应该从以下三个方面着手做好风险控制。

(1) 提高自身风险控制能力

所谓"打铁还需自身硬",央企在投资建设"一带一路"PPP 项目时,对项目的决策、风险评估方面要非常慎重,要深入研究和预测各种风险,并采取针对性的风险应对措施。

央企当务之急是提高自身的经营管理能力,在法律、技术、管理、品牌、文化等各方面下大功夫,不断提高自身的综合实力,做好内部控制,打造一支国际化的人才队伍。

在具体实践操作中，央企要严格按照国际商业规律和商业准则做好风险控制，比如充分的法律和商业调研、尽职调查等。央企一定要详细罗列影响项目风险的各种商业因素，聘请专业的国内国际中介机构，做好详细的商业调研，将项目商业风险控制到最低。观察发现，国外企业尤其是跨国公司到中国投资时，通常都会组成一个专业化的团队对项目进行尽调和评估，这个团队主要包括社会资本、各类金融机构、律师事务所、咨询公司等，这为中国企业投资建设"一带一路"PPP项目提供了有益的参考和借鉴。

（2）与外资社会资本共同组成合资公司，从而降低风险

央企投资"一带一路"PPP项目，有一个降低风险的方法便是与外资社会资本尤其是PPP项目东道国的社会资本合作共同组成合资公司即PPP项目公司，以PPP项目公司的名义开展PPP项目的投资、融资、建设和运营。

需要说明的是，央企与外资社会资本组建PPP项目公司也并非只有利没有弊，而是各有利弊：有利之处是央企与外资社会资本组成利益共同体，一方面可以分担投资数额，另一方面外资社会资本也就是PPP项目公司的外方股东相对央企来说，更加熟悉PPP项目东道国的经济环境、法律法规和文化风俗，更加利于抵御商业风险。

然而，从辩证的角度看，央企与外资社会资本共同组建PPP项目公司，也有不利之处，最明显的是PPP项目公司股东多，且来自于不同国家和地区，股东文化背景、管理思维、利益诉求均不一样，利益关系错综复杂。这样一来，PPP项目公司很容易失控，尤其是在PPP项目公司股权架构不清晰的情况下更容易导致企业战略不清晰，管理混乱，最终导致央企投资受损，这方面中国企业的教训有很多。

那么，怎么科学地解决这个问题呢？央企与外资社会资本共同组建PPP项目公司是一个好方法，但前提必须是中方牢牢掌握控制权，必须处于控股股东地位，这样才能合作共赢。否则，中方投资大量的人力、物力、财力和时间后，PPP项目公司一旦失控，受损失最大的肯定是中方，这一点毋庸置疑。当然，商业合作各方地位必须是平等的，无论是中国企业还是外资社会资本，各方主体地位平等，也要防止PPP项目公司由于中方个人的独断专行，引起外方不满，做出对 PPP 项目公司和中国企业不利的事情。

(3) 央企投资"一带一路" PPP 项目需"抱团出海"

"一带一路" PPP 项目如高铁、公路、机场、港口、产业园区等大都投资规模巨大、合作周期长，且项目建设和运营十分复杂，投资建设"一带一路" PPP 项目的企业如果产业单一，很难做到面面俱到，以工程建设见长的我国工程建设企业也是如此。可以说，"一带一路" PPP 项目需要包括建设、金融、运营等不同类型的企业共同参与、优势互补，一是可以抓住市场机遇，二是可以分担项目的风险。

笔者认为，具有相同经营理念、管理思想、文化背景的中国企业，可以通过"抱团出海"的方式，打造"一带一路"产业集群式平台，形成产业聚集效应，促进中国企业共同开拓海外市场，共同发展壮大，同时也大大降低中国企业投资"一带一路"的风险。事实上，资金和技术实力雄厚、国际工程项目建设和运营经验丰富、产业链条完整的中国建筑、中国中铁、中国交建等大型央企，在开拓"一带一路" PPP 市场时，正强强联合"抱团出海"，既抢抓国际市场，又分担项目的投资风险。

2. 顶层设计方面

据了解，为防止和减少央企"一带一路"投资建设风险，国资委采取了各类措施，如风险评估、风险预警、风险处置等。专家建议：一是根据"一带一路"倡议，梳理我国现有海外投资相关政策，加快境外投资立法，系统化思考"走出去"的法律问题；二是政府建立统一的海外投资信息平台，为中国企业提供高质量的信息，作为中国企业"走出去"的参考依据；三是从中国企业实际需要出发，改善现有的外汇和人员出入境审批制度；四是加大税收、融资政策等支持力度，切实解决中国企业开拓"一带一路"市场融资难的问题；五是帮助中国企业及时评估和更新投资国的国家风险，比如由政府相关部门组织、委托中介机构、专家等积极参与、建立国别风险评估体系，定期发表报告，以供企业海外投资参考；六是设立"一带一路"仲裁院，构建"一带一路"争端解决机制，为"一带一路"倡议保驾护航。

3. 央企参与"一带一路"PPP项目的风险防范成功案例

调研发现，在近年来的海外投资中，"出海"时间不长且积累经验不多的央企交了不少"学费"，有的甚至是"天价学费"，教训非常深刻。然而，随着"出海"时间越来越长，次数越来越多，央企这个"渔民"经历的风浪越来越大，积累的经验自然也越来越多，抗风险能力也就越来越强。不仅如此，国家对央企"走出去"不断加强指导，特别是对盲目投资、违反规定投资造成损失的企业和负责人严肃追责。多方因素下，央企无论是风险意识还是防风险能力都有了非常大的提高。

目前，不断提高海外市场实力的央企，正与"一带一路"沿线东道国携手合作，发挥各自优势，合理分担风险，实现双方乃至多方"共赢"，央企投资"一带一路"风险总体可控。

中国企业在"一带一路"沿线国家开展PPP项目的过程中，在风险防范方面进行了成功的探索。以哥伦比亚马道斯 Mar 2 高速公路 PPP 项目为例（见案例4-2）。

【案例4-2】

一、项目概况

安提奥基亚省面积 63612 平方千米，人口 650 万人，是哥伦比亚西北部省份，隶属哥伦比亚安第斯大区。通过建设哥伦比亚马道斯 Mar 2 高速公路，可以打通安提奥基亚省会至 300 千米外出海口图尔博港的通道。

公开资料显示，哥伦比亚马道斯 Mar 2 高速公路 PPP 项目（以下简称"本项目"）全长约 245 千米，包括 118.3 千米修复和完善路段及 17.7 千米新建路段，与项目相连的 109 千米路段纳入经营维护范围内。本项目设计标准为双向双车道，设计时速最高 80 千米/小时。本项目是哥伦比亚"4G 路网项目①"的一部分，总投资 6.56 亿美元，所属行业为交通运输——高速公路建设，采取 PPP 模式下的 BOT 方式，合作期限为 29 年（准备期 1 年，建设期 5 年，运营期 23 年）。本项目业主为哥伦比亚国家基础设施局，通过公开招标的方式选择社会资本合作方。

2015 年 9 月，中国港湾工程有限责任公司②（以下简称"中国港湾"）牵头的联合体中标。中国港湾以技术标、经济标总体满分的优势赢得本项目，本项目也成为中国企业在美洲地区中标的第一个 PPP 项目。2015 年 10 月，由中国港湾牵头与哥伦比亚当地五家合作方组成的联营体注册项目公司，负责本项目的融资、建设和运营。其中，中国港湾作为牵头方为单一大股东，其他五家合作伙伴分别占股 5% ~20% 不等。此外，本项目由中国港湾作为总承包方负责建设。工程承包采用总价合同，根据市场定价原则，由各合作伙伴和中国港湾共同比价并按照各自股比确定各自承包比例。

二、识别并管理项目的风险

（一）法律政策风险

本项目法律较为复杂，中国港湾深入调研当地法律体系，聘请专业律师参与本项目合同谈判、项目实施和未来运营等工作。中国港湾借助当地律师力量规避

---

① 4G 路网项目由哥伦比亚交通部下属的基础设施局（ANI）负责招标，计划包括超过 40 个以 PPP 方式实施的超过 8000 千米的公路；包括 1370 千米的双向四车道公路和 159 条隧道。项目总投资预计 240 亿美元。

② 中国港湾工程有限责任公司（CHEC）成立于 20 世纪 80 年代，是世界 500 强企业中国交通建设股份有限公司（CCCC）的子公司，代表中国交建开拓海外市场，目前在世界各地设有 70 多个分（子）公司和办事处，业务涵盖 80 多个国家和地区，在建项目合同额超过 190 亿美元，全球从业人员超过 10000 人。中国港湾立足于在海事工程、疏浚吹填、公路桥梁、铁路及轨道交通、航空枢纽以及相关成套设备供应与安装等基础设施领域，提供工程承包及投资的一体化服务，并在房建、市政环保、水利工程、电站电厂、资源开发等领域具有丰富的资源和经验。凭借技术、设备、营销、人才等方面的优势，为全球客户提供优质服务。

可能存在的法律风险，起到了良好的效果。

（二）汇率波动风险

为规避汇率波动风险，中国港湾与当地合作伙伴协商并达成共识：美元贷款还本付息原则上不超过政府美元还款部分；中国港湾收益部分如果因汇率造成损失，项目公司将在一定程度上补偿中国港湾50%的汇率损失。

（三）项目实施风险

本项目所在地有高山、峡谷、平原、湖泊等多种地形分布，地势起伏大，如果遇到复杂的地质状况会对本项目的实施造成不利影响。本项目联合体优势互补，中国港湾在隧道桥梁施工方面有丰富的经验，所在地的合作伙伴均为当地有多年建设经验的公司，具有类似项目当地建设、运营经验，对当地地质情况非常了解。不仅如此，合作各方约定哥伦比亚国家基础设施局针对地质情况的不确定性，对地质风险有部分补偿规定。

（四）项目收益风险

本项目政府提供了较充分的项目收益补偿及担保形式，设立了较公平的风险分担机制，确保项目具有合理收益。建设投资部分政府每年还款额以社会资本方投标的固定金额为基数测算，运营维护部分政府承诺给予最小交通量保证，运营收益有政府最低保障。

三、作用与示范意义

近年来，基础设施建设合作已经成为中国与拉美合作最具发展潜力的领域之一。

本项目建成后将主要出口货物公路运输距离由 700 千米缩短到 300 千米，时速由 30 千米提升到 80 千米，对哥伦比亚经济社会发展具有重要的作用。通过建设本项目，有利于中国港湾扩大哥伦比亚市场经营规模，进一步拓展哥伦比亚及周边地区市场。中国港湾在积累丰富的海外 PPP 市场经验的同时，还可以带动中国企业进入哥伦比亚乃至整个拉美市场。

本项目是中国企业在美洲地区中标的第一个 PPP 基础设施项目，对于推动中拉基础设施合作转型升级具有深远意义。

第五章

FIDIC 合同与 PPP 合同

FIDIC 合同和协议

对于开拓"一带一路"市场的中国企业而言，需要管控国际工程的合同与法律风险，而国际上关于工程项目常见的是 FIDIC 合同。

1. FIDIC 系列合同简介

FIDIC（Fédération Internationale Des Ingénieurs – Conseils，国际咨询工程师联合会）成立于 1913 年，是国际公认的全球工程咨询行业代表，旨在推动并实现工程咨询行业的战略目标：提高咨询服务质量、积极促进对职业道德行为准则的遵守和廉洁从业、致力于可持续发展，为建设和自然环境提供以技术为基础的智力服务。

FIDIC 系列合同条件是由 FIDIC 组织编写的一套适用于工程项目的标准合同文件。第一版 FIDIC 合同文件由 FIDIC 于 1957 年组织起草，当时只有红皮书，其后又陆续起草了黄皮书、白皮书、橘皮书、银皮书等，并不断更新。其中最常用的是红皮书即《施工合同条件》、黄皮书即《生产设备和设计施工合同条件》、银皮书即《设计采购施工（EPC）/交钥匙工程合同条件》、白皮书即《客户/咨询工程师（单位）服务协议范本》，分别应用于不同的项目承包模式。[①] 进一步而言，国际承包工程行业涉及的 FIDIC 合同，主要是土木工程方面的，封皮为红

---

① 红皮书主要适用于业主负责设计，承包商负责按照业主设计进行工程施工的项目；黄皮书主要适用于电气或机械设备供货和工程设计施工的项目；银皮书主要适用于以交钥匙方式提供工业或基础设施等工程的项目；白皮书主要适用于业主委托工程咨询单位进行工程前期投资研究、科研、设计、招评标、项目管理和投产准备等咨询服务的项目。

色，海外通常称作红皮 FIDIC。还有一种黄色封皮，是机电工程方面的，常称黄皮 FIDIC；再有一种就是白色封皮，是设计咨询方面的，也叫白皮 FIDIC。如果承包国际工程项目，一般用到的都是红色封皮 FIDIC（土建工程）。而如果是机电设备供货，使用信用证付款方式，一般用的都是黄皮 FIDIC。[①]

此外，目前世界上使用范围较广的除 FIDIC 合同外，还有 ICE 合同条款。

实际上，FIDIC 是从 ICE 演变而来的，ICE 是英国土木工程师协会 Institution of Civil Engineers 的英文缩写。英国土木工程师协会于 1818 年在英国成立，是一个专业学会——土木工程专业机构，也是一个非营利怪学术组织，其成员是个体土木工程师，会员约 8 万人，分布于全球 100 多个国家。有分析认为，FIDIC 与 ICE 有本质的区别：FIDIC 亲承包商，它维护乙方承包商的利益更多；ICE 亲业主，它侧重于维护甲方业主的利益。所以，如果是当承包商，要尽量向业主推荐用 FIDIC；而如果当业主或向外分包，一般选用 ICE。从法律体系的角度讲，FIDIC 和 ICE 都属于普通法体系，是判例法，属于由案例汇成的不成文法。中国法律属于大陆法体系，是成文法，凡事都要有明确的书面规定和条文。而如果要在国际上做承包工程，包括在国内做世界银行、亚洲开发银行等外资贷款项目，FIDIC 和 ICE 这两种合同条款都必须了解。

2. 采用 FIDIC 合同和协议的主要优点

研究发现，采用 FIDIC 合同和协议的主要优点有：法律框架被普遍接受，涵盖所有基本需求，服务协议和工程合同之间保持一致性，条理清晰、连贯，只包括必要的条款，与国际金融机构的指南相一致，避免了专业术语的使用，公平公正地分配风险，全面、灵活，涵盖了大部分需求，并且适应性强。FIDIC 的最大特点是：程序公开、公平竞争、机会均等。

---

① 红皮 FIDIC 的特点是土建部分为单价合同，通过验工计价的方式来支付工程款。黄皮 FIDIC 的付款方式大部分是用信用证方式，黄皮 FIDIC 的预付款比例较大。按国际惯例，红皮 FIDIC 条款规定，预付款的最大极限为 15%。而黄皮 FIDIC 规定，材料到货验收后，承包商可以拿到 80% 左右的货款。

3. FIDIC 2017 版三本合同条件比较分析

(1) FIDIC 2017 版三本合同意义

2017 年 12 月，FIDIC 发布了 1999 版三本合同条件的第二版，分别是：施工合同条件（红皮书）、生产设备和设计—施工合同条件（黄皮书）和设计—采购—施工与交钥匙项目合同条件（银皮书）。FIDIC 1999 版系列合同条件已经使用了 18 年，随着国际工程市场的发展和变化以及工程项目管理水平的提升，FIDIC 认为有必要针对 1999 版合同条件在应用过程中产生的问题进行修订，以使其能更好地适应国际工程实践，更具代表性和普遍意义。

FIDIC 2017 版与 1999 版相比，各本相对应合同条件的应用和适用范围，业主和承包商的权利、职责和义务，业主与承包商之间的风险分配原则，合同价格类型和支付方式，合同条件的总体结构都基本保持不变。FIDIC 2017 版三本合同条件更加清晰、透明和确定，以减少合同双方争端的发生，使项目更加成功。

(2) FIDIC 2017 版三本合同条件融入了更多项目管理思维

FIDIC 认识到工程合同虽然是法律文件，但工程合同不仅仅是给律师看的，更是给项目管理人员用的，所以 2017 版系列合同条件中融入了更多项目管理的思维，借鉴国际工程界有关项目管理的最佳实践做法，在通用条件各条款中增加了很多更加详细明确的项目管理方面的相关规定。如 2017 版引入了 2008 年 FIDIC 金皮书所使用的"提前通知"预警机制，要求合同各方对于自己意识到的严重影响承包商人员工作的、严重影响未来工程性能的、使合同价格上升的或会使工程工期延误的已知的或者可能发生的事件或情况，提前告知各方，以使损失降到最小。这项规定旨在使合同各方提前有效地进行沟通，在问题萌芽状态将其解决，以减少争端的产生。

（3）2017版三本合同条件的适用范围对比分析

1）2017版合同条件仍然沿用1999版适用范围

2017版红皮书主要适用于承包商按照业主提供的设计进行施工的项目（该项目也可由承包商承担某些土木、机械、电气和/或构筑物的设计，但承包商负责的设计工作一定不会太多），实践中设计和施工两个阶段分离的DBB（Design Bid Build）承包模式经常采用该合同条件。2017版黄皮书适用于DB（Design and Build）承包模式，在该模式下，承包商根据业主要求，负责项目大部分的设计和施工工作，且可能负责设计并提供生产设备和（或）其他部分工程，还可以包括土木、机械、电气和/或构筑物的任何组合。2017版银皮书适用于采用设计、采购和施工（Engineering，Procurement and Construction，EPC）及交钥匙模式的工厂、基础设施或类似工程。①

2）2017版三本合同条件结构及相关附件对比分析

2017版三本合同条件均包括通用条件、专用条件编写指南及附件（担保函、投标函、中标函②、合同协议书和争端避免/裁决协议书格式）（见表5-1）。

表5-1　2017版三本合同条件通用条件一级条款对比

序号	红皮书	黄皮书	银皮书
1	一般规定	一般规定	一般规定
2	业主	业主	业主
3	工程师	工程师	业主的管理
4	承包商	承包商	承包商
5	分包	设计	设计
6	职员和劳工	职员和劳工	职员和劳工

---

①　FIDIC在其2017版银皮书的说明中并没有明确其适用条件，但给出了三种不适用于银皮书的情况：一是如果投标人没有足够的时间或资料仔细研究和核查业主要求，或进行他们的设计、风险评估和估算；二是如果工程涉及相当数量的地下工程，或投标人未能调查区域内的工程（除非在特殊条款对不可预见的条件予以说明）；三是如果业主要严密监督或控制承包商的工作，或要审核大部分施工图纸。FIDIC建议，在上述三种情况下，可以使用黄皮书。

②　银皮书没有中标函，FIDIC认为银皮书更适合议标。

序号	红皮书	黄皮书	银皮书
7	生产设备、材料和工艺	生产设备、材料和工艺	生产设备、材料和工艺
8	开工、延误和暂停	开工、延误和暂停	开工、延误和暂停
9	竣工检验	竣工检验	竣工检验
10	业主的接收	业主的接收	业主的接收
11	移交后的缺陷	移交后的缺陷	移交后的缺陷
12	测量和估价	竣工后检验	竣工后检验
13	变更和调整	变更和调整	变更和调整
14	合同价格和支付	合同价格和支付	合同价格和支付
15	业主提出的终止	业主提出的终止	业主提出的终止
16	承包商提出暂停和终止	承包商提出暂停和终止	承包商提出暂停和终止
17	工程的照管和保障	工程的照管和保障	工程的照管和保障
18	例外事件	例外事件	例外事件
19	保险	保险	保险
20	业主和承包商的索赔	业主和承包商的索赔	业主和承包商的索赔
21	争端和仲裁	争端和仲裁	争端和仲裁

由表5-1可以看出，三本合同条件仅在第3条（红皮书和黄皮书为"工程师"，银皮书为"业主的管理"）、第5条（红皮书为"分包"，黄皮书和银皮书均为"设计"）和第12条（红皮书为"测量和估价"，黄皮书和银皮书均为"竣工后检验"）三个一级条款不同，其他一级条款的名称均保持一致。

需要说明的是，红皮书和黄皮书有工程师参与，而银皮书为业主代表；红皮书业主承担了大部分或全部设计工作，而黄皮书和银皮书承包商承担了大部分或全部设计，因此黄皮书和银皮书对设计进行了详细的规定；红皮书是以单价合同为主，因此在测量与估价方面进行了详细的规定，而黄皮书和银皮书为总价合同，因此没有相应条款，但黄皮书和银皮书由于项目应用类型的原因增加了竣工后试验的相关规定。可见虽然2017版三本合同条件适用范围不同，但通用条件仍然保持着统一和标准化的结构体系，这样做非常有利于用户的使用。

(4) FIDIC 2017 版三本合同条件主要差异

1）编写招标文件注意事项不同

专业人士指出，FIDIC 2017 版三本合同条件的"编写招标文件注意事项"中列举了在不同合同条件下招标文件的组成。以 FIDIC 黄皮书为例，其"编写招标文件注意事项"主要包括：招标邀请函、投标者须知、投标信格式及附录（如果有）、合同条件（通用和专用条件）、基本信息及数据、技术信息及数据、业主要求、业主提供的资料表（也可能为概要设计图纸）、图纸，以及投标人需要获取的其他信息明细、所需协议书、担保及保函的格式等。FIDIC 银皮书与黄皮书招标文件的构成相同。需要指出的是，FIDIC 红皮书没有"业主要求"和"业主提供的资料表"，但包括了"规范"和"图纸"。

2）合同变更条款不同

合同变更条款是合同的重要内容之一，对于 FIDIC 合同而言也是如此。FIDIC 2017 版三本合同条件在变更条款中规定了承包商可以拒绝变更指令的情况，红皮书与黄皮书、银皮书有不同的规定：红皮书规定：一是变更的工作根据规范规定的范围是不可预见的，可以引申为变更的工作超出原有范围；二是承包商难以获得变更所需物品；三是变更严重影响承包商遵守健康与安全义务和/或环境保护规定。而黄皮书和银皮书条款更多，在前述三项内容的基础上还增加了两个项目：一是对性能保证计划的实现有不利影响；二是对实现工程目的和工程完成产生不利影响。

3）对承包商管理深度不同

FIDIC 2017 版三本合同条件中业主对承包商的管理深度明显不同（见表 5 –2）。

表 5 –2　FIDIC 2017 版三本合同条件业主对承包商的管理深度

类型	管理严格程度	主要内容	是否雇用工程师
红皮书	最严格	红皮书是重新计量合同，业主对承包商的管控最细，也最严格	雇用
黄皮书	比较严格	业主对承包商进行比较严格的管理，比如对承包商的项目经理及关键人员（包括设计人员）的资质都有明确要求，且承包商的代表（承包商的项目经理）必须常驻现场，施工设备出场必须经工程师同意等	雇用

续表

类型	管理严格程度	主要内容	是否雇用工程师
银皮书	相对宽松	业主不雇用工程师，仅仅派业主代表直接管理，承包商的项目经理经业主同意可以不常驻现场，施工设备出场也可不经业主同意等	不雇用

4）各方角色定位及责任和义务不同

2017 版三本合同条件中的主要参与方为业主、承包商、工程师（银皮书为业主代表）和争端避免/裁决委员会。各方主要责任和义务见表 5 - 3。

表 5 - 3　FIDIC 2017 版本三本合同业主、承包商、工程师主要责任和义务

序号	参与方	主要责任和义务
1	业主	指明项目的各个要素；任命管理合同的工程师（或业主代表）；给予承包商现场占有权；在必要的时候提供信息、指示、同意、批准和发出通知；合同中规定业主要负责的避免任何可能干扰或阻碍工程进展的行为；提供合同中规定业主要负责的保障、材料并实施各项工作（若这些工作根据合同的规定构成工程的组成部分）；在必要时指定专业分包商和供应商；允许承包商实施整个工程；在承包商完成相应工作时按时并足额向其支付工程款
2	承包商	以应有的努力在合同规定的竣工时间内实施并完成工程；按照合同的规定和工程师（或业主代表）的指示使用材料、设备、工艺；在合同期内为其负责的各项义务提供保证、保障和保险；提供工程执行和竣工所需的信息和通知，并在可能增加工程成本或竣工时间可能延长时告知业主；履行其他日常管理职能①
3	工程师和业主代表	业主代表的工作主要在沟通、指示、同意和决定等方面；工程师除了业主代表的上述职责范围外，还可决定支付、变更、试验、验收等专业事项。在解决争端时，业主代表和工程师均为"中立"角色

5）合同价格类型与支付方式的差异

FIDIC 2017 版红皮书属于单价合同，而黄皮书和银皮书属于固定总价合同。

---

① 对红皮书，业主承担了大部分或全部的设计工作，承包商承担了施工任务；对于黄皮书，设计和施工的任务均由承包商承担（承包商常常也负责设备和材料的采购）；银皮书一般承包商承担所有的设计和施工任务的同时，还可能承担更多的设备和材料的采购、项目试运行、业主人员培训等工作。

在实际应用过程中，不排除红皮书中有部分工作使用单项总价包干的方式，黄皮书也可能会有小部分工作采用重新计量的单价方式，但银皮书一般全部采用固定总价的方式，不排除极小部分采用成本补偿的方式支付。①

此外，2017 版三本合同条件一般都采用按月为固定周期的期中付款方式由业主向承包商支付进度款。红皮书需要计算和确定每个支付周期内完成的工程量，而黄皮书和银皮书则是确定每个支付周期内所完成的里程碑。

4. PPP 模式建设实施阶段多采用银皮书

从项目的类型来看，FIDIC 2017 版红皮书适用于传统类型的土建、房屋及基础设施项目；黄皮书适用于传统的生产设备比较多的项目，如能源、供水、污水处理、厂房和工业综合体等；银皮书主要用于大型基础设施项目、厂房和工业综合体。

银皮书的诞生源自私人业主的需求，私人业主往往比政府组织在融资或者资金链等方面有更加严格的要求，要求合同价格及工期更加固定，因此，必须将更多的风险分配给承包商承担。采取 PPP 模式的项目在建设实施阶段的合同较多使用银皮书。

对于开拓"一带一路"市场的中国企业而言，需要管理和把握国际工程的合同与法律风险。由于 FIDIC 合同条件在国际工程行业得到普遍认可，中国工程企业在承接和实施国际工程项目前要深入学习、研究 FIDIC 合同条件，灵活运用到实际操作中，真正用好 FIDIC 合同条件，保护自己的合法权益：

一方面，经过多年的发展，FIDIC 合同条件已经形成了一套健全、规范的合

---

① 工程合同按照价格类型可以分为单价合同、固定总价合同和成本补偿合同三种。单价合同属于重新计量合同，招标文件中有一个工程量清单，业主承担工程量清单中原估计工程量变化的风险，承包商承担相应费率的风险；固定总价合同业主则按照合同中约定的里程碑向承包商支付，承包商承担工程量和费率变化的风险；成本补偿合同，业主承担全部工程量和价格变化的风险，属于实报实销型，但业主一般会和承包商约定一个总成本的上限，这种合同因为业主承担的风险过大所以较少在工程实践中使用。

同体系，合同规定比较完备和规范，风险分配相对合理，中国工程企业熟练掌握 FIDIC 合同条件，有利于企业规避各类风险，即使业主违约，中国工程企业也能够依据合同条款获得较好的救济。

另一方面，减少合同谈判的时间和难度，尽快以比较合理的条件达成协议。FIDIC 合同的标准版本里有合同协议书、通用条款与专用条款之分，三个部分合起来就构成了合同条件。专用条款的序号与通用条款的序号之间有对应关系，是对通用条款的修订、补充和对本项目的特殊规定，关于具体项目的特殊规定都可以放在专用条款中。业主和承包商事先都非常熟悉 FIDIC 合同通用条款，在合同谈判时就不需要再去看通用条款的规定，只需要仔细研究合同的专用条款即可。

FIDIC 合同与 PPP 合同风险分配比较

FIDIC 在其《采购程序指南》中指出，工程项目中的任何风险必须分配给业主或承包商。一般风险分配原则是将每一项风险分配给能够最有效地预见、处理和承担风险的一方，这样的风险分配方式试图使合同价格最小化。

笔者认为，从本质上来讲，FIDIC 合同风险分配与 PPP 合同风险分配有相似之处。

1. FIDIC 合同风险分配

FIDIC 合同一般风险分配原则是将每一项风险分配给能够最有效地预见、处理和承担风险的一方。FIDIC 认为，在工程实践中，哪一方负责设计就应该由哪一方承担设计风险，哪一方负责施工就应由哪一方承担施工风险。因此，在 FIDIC 2017 版三本合同条件中，工程的施工风险均由承包商来承担，而设计风险也相应地由负责设计的一方承担。业主提供相应项目现场和招标文件的信息，因此相关风险应该由业主承担。而按照工程合同的一般惯例，未知的和不可预见的风险一般应由业主来承担。

具体来说，红皮书中业主承担大部分或全部设计风险、工程量变化风险、不可预见的物质条件风险和例外事件风险，承包商承担施工风险；黄皮书中业主承担不可预见的风险和例外事件风险，而承包商承担设计风险、工程量变化风险、

"满足合同规定的工程预期目的"风险；银皮书中业主承担例外事件的风险，承包商承担设计风险、工程量变化风险、不可预见的物质条件风险、"满足合同规定的工程预期目的"风险；银皮书"业主要求中的错误""现场数据及参考项目""放线""现场数据的使用""不可预见的物质条件""不可预见的气候条件""一般设计义务"等方面，承包商将承担绝大部分的风险。

2. PPP 合同风险分配

财政部《关于印发政府和社会资本合作模式操作指南（试行）的通知》（财金〔2014〕113 号）规定了风险分配的基本框架。按照风险分配优化、风险收益对等和风险可控等原则，综合考虑政府风险管理能力、项目回报机制和市场风险管理能力等要素，在政府和社会资本间合理分配项目风险。原则上，项目设计、投资、融资、建造和运营维护等商业风险由社会资本承担，法律、政策和最低需求等风险由政府承担，不可抗力等风险由政府和社会资本合理共担。国家发改委《关于开展政府和社会资本合作的指导意见》（发改投资〔2014〕2724 号）中，政府将从公共产品的直接"提供者"转变为社会资本的"合作者"以及 PPP 项目的"监管者"，社会资本方作为具体实施者，承担项目商业风险并获得投资回报；合理设计、构建有效的风险分担机制。按照风险收益对等原则，在政府和社会资本间合理分配项目风险。

具体来说，PPP 合同分配风险分配原则为：一是最优风险分配原则。在受制于考虑法律约束和公共利益的前提下，风险应分配给能够以最小成本（对政府而言）、最有效管理它的一方承担，并且给予风险承担方选择如何处理和最小化该等风险的权利。二是风险收益对等原则。既关注社会资本对于风险管理成本和风险损失的承担，又尊重其获得与承担风险相匹配的收益水平的权利。三是风险可控原则。应按项目参与方的财务实力、技术能力、管理能力等因素设定风险损失承担上限，不宜由任何一方承担超过其承受能力的风险，以保证双方合作关系的长期持续稳定。

3. FIDIC 合同与 PPP 合同风险分配的区别

(1) 目的不完全相同

FIDIC 合同一般风险分配原则是将每一项风险分配给能够最有效地预见、处理和承担风险的一方，其目的是使合同价格最小化。而 PPP 合同的最主要目的是将项目的风险降到最低，从而稳步推进项目的进展。

(2) 原则整体性有差异

FIDIC 合同风险分配核心是谁最有能力承担风险，就将风险分配给谁，即通常所说的"能者上"。而 PPP 合同综合考虑风险分配：①规定"能者上"的原则即风险分配优化原则（由最有能力承担风险的一方承担相应风险）；②规定风险与收益对等原则（风险与收益对等符合市场经济规律，过低的收益匹配过高的风险或过高的收益匹配过低的风险都不符合市场经济规律，也不可能长久，这一原则考虑到了市场经济规律）；③还规定了风险可控原则（虽然有"能者上"的原则性规定，但也要考虑"能者"的自身实际，而不是无原则地将所有风险让"能者"承担。有的风险"能者"也不一定能够承担，否则无论是业主还是承包商都将面临整体项目失败的风险）。

总的来说，FIDIC 合同风险分配原则具有单一性，而 PPP 合同风险分配原则具有综合性。

FIDIC 争端解决中咨询工程师的作用

专家分析指出，FIDIC 是想建立一个以咨询工程师为中心的专家管理体系。咨询工程师的角色多元：一是中间人角色（为业主和承包商提供专业服务），二是项目设计者角色，三是施工监理角色，四是准仲裁员角色，五是业主的代理人（与业主不能有任何依附或从属关系）角色。

严格来说，咨询工程师是独立于业主和承包商之外的第三方，其在两者之间起着"过滤器"和"筛子"的作用。更进一步讲，FIDIC 的框架关系是业主、咨询工程师与承包商之间的"三位一体"，是一种典型的三角关系，是一个"三角形"。需要指出的是，国际承包工程的市场是买方市场，这个"三角形"并非"等边三角形"。换句话说，在三角关系中，咨询工程师更靠近业主一侧。

实践中，国际工程项目出现争端的情况屡见不鲜。如果采用 FIDIC 合同的国际工程项目出现争端怎么解决？办法就是仲裁。FIDIC 第 67 款指出，承包商不能跨越咨询工程师直接仲裁。而通常情况下，影响仲裁结果的因素很多，包括以往案例（FIDIC 属普通法体系，是判例法）、证据、咨询工程师的意见等。如上所述，咨询工程师的角色多元，其中就有准仲裁员的角色。因此，咨询工程师对承包商和业主的经济利益相当关键。

1. FIDIC 2017 版系列合同条件加强和拓展了工程师的地位和作用

(1) 工程师的地位演变

1987 年 FIDIC 土木工程施工合同条件（第四版）及之前 FIDIC 的其他合同范本中工程师均处于核心地位（第三版在描述工程师时使用了术语"独立的"），工程师是公平和公正的第三方，是业主和承包商之间沟通的桥梁和枢纽。由于工程师和业主有利益关系，业界一直对工程师能否真正做到公平和公正有很大的质疑（这种质疑主要来自承包商）。

然而，FIDIC 1999 版红皮书和黄皮书对工程师角色的定位做出了非常大的调整，强调工程师就是为业主服务的（1999 版银皮书取消了工程师这个角色，用业主代表来替代）。

FIDIC 2017 版红皮书和黄皮书（银皮书仍然没有工程师）在 1999 版的基础上加强和拓展了工程师的地位和作用。在 FIDIC 2017 版红皮书和黄皮书的通用条件中关于工程师的条款篇幅大幅增加，工程师仍代表业主行事，同时要求工程师做出决定时保持中立（用英文 neutral 表示），但非独立（independent）或公正（impartial）。

此外，FIDIC 2017 版对工程师人员的资质提出了更高、更详细的要求，同时增加了工程师代表这个角色，并要求工程师代表常驻现场，且工程师不能随意更换其代表。

(2) FIDIC 2017 版合同提升了工程师的地位

据了解，FIDIC 一向重视对工程师的授权，发挥工程师的作用，FIDIC 2017 版合同进一步增加了工程师的责任和义务。比如对于索赔，工程师应在 42 天内组织各方协商并做出决定，如果在 42 天内没有达成任何协议，还须在之后的 42 天内做出公平的决定，尽量避免争议扩大升级。通过工程师决定，减少争议提交仲裁的可能性。如果工程师逾期未做出决定，争议仍将提交争端避免/裁决委员会审理。如果各方对工程师决定不满意，应当在决定做出之日起28天内提出"不满意通知书"，否则，视为各方同意工程师决定。

此外，工程师还可以公平地考虑应付给承包商的款项，可以暂扣他认为存在明显错误或矛盾的任何款项，但必须详细计算暂扣款项并给出暂扣的理由。工程师和承包商还可以修正或修改期中付款证书，且承包商应在付款申请中标注那些有争议的金额，以便工程师做出决定。

2. FIDIC 2017 版合同条件区别对待索赔与争端

FIDIC 2017 版合同条件将索赔与争端作为重要议题来考虑，尽量避免索赔升级为争端。

FIDIC 认为索赔仅仅是某一方依据合同对自己的权利提出的一种要求，不一定必然上升为争端，只有索赔部分或全部被拒绝时才可能会形成争端。FIDIC 2017 版对 1999 版的"索赔、争端与仲裁"条款进行了重组和扩展，拆分成了两个条款：第 20 条"业主和承包商的索赔"和第 21 条"争端和仲裁"。

（1）工程项目的索赔

FIDIC 2017 版对业主和承包商规定了相同的索赔期限，对索赔的处理有两个时间限制规定：第一，要求索赔方在意识到（或本应意识到）索赔事件发生后的 28 天内尽快发出索赔通知；第二，要求索赔方在 84 天内（与第一条同一起点）提交完整详细的索赔支持资料和最终索赔报告。超过上述任何一个时间限制，索赔方都将失去索赔的权利。[①]

---

① 对于未遵守索赔时限即丧失索赔权的规定也存在变通的可能。如索赔方认为其延迟是正当的，可将详细资料提交给工程师进行裁定。工程师收到索赔通知后若认为索赔时限已过，有义务在 14 天内做出初步答复；工程师做出此类答复后，若索赔方认为存在紧急情况使得索赔的延迟提交具有正当性，则该索赔方可以向 DAAB（争议避免/裁决委员会）申请时效豁免。

FIDIC 2017 版还引入了第三类索赔："其他索赔事项"，这类索赔由工程师根据"商定或决定"条款确定，且这类索赔不适用第 20 条的索赔程序。FIDIC 2017 版还规定由于变更引起的工期延长自动成立，不需要按照第 20 条索赔规定的程序处理，这一点与 1999 版不同。

（2）将 DAB 升级为 DAAB，强化争议避免功能

FIDIC 2017 版将 1999 版的"争端裁决委员会"（Dispute Adjudication Board，DAB）升级为"争端避免/裁决委员会"（Dispute Avoidance/Adjudication Board，DAAB），并强调 DAAB 预警机制的作用。

具体来说，FIDIC 2017 版要求在项目开工之后尽快成立 DAAB，且强调 DAAB 是一个常设机构（FIDIC 1999 版仅红皮书要求 DAB 是常设机构，黄皮书与银皮书都可以不是）。FIDIC 2017 版在施工合同、工厂设备和设计—建造合同、EPC/交钥匙工程合同中，都将 DAAB 作为常设机构，强化 DAAB 在避免争议方面的作用。DAAB 要在承包商拿到中标通知书后的 28 天内形成，DAAB 的费用要由承包商与业主各担一半。如果任何一方当事人不遵守 DAAB 决定（不论是否为终局决定），另一方当事人可直接将该行为（即不遵守 DAAB 决定的行为）提交仲裁。任何一方当事人均可以在 28 天内发出异议通知使 DAAB 的决定不具有终局性。如果在异议通知发出后 182 天内仍未开始仲裁，则该异议通知应视为已过期并失去效力。在未按规定提起仲裁程序的情况下，DAAB 决定将成为最终决定。

FIDIC 2017 版合同还规定，DAAB 决定做出后 14 天内，对于决定中包含的错误，DAAB 可自行更正，业主和承包商也可要求 DAAB 对决定中有歧义的内容进行澄清，可通过补遗的方式对决定进行修改。此规定可以避免由于较小的错误导致 DAAB 的决定无法具有最终的约束力，而不得不进入高成本的仲裁程序的情况。

DAAB 可应合同双方的共同要求，非正式地参与或尝试进行合同双方潜在问题或分歧的处理。

此外，FIDIC 2017 版合同还对当事人未能任命 DAAB 成员的情况做了详细规定：DAAB 要定期与各方会面并进行现场考察。FIDIC 希望各方用这种积极主动

的态度，尽量避免和减少重大争端的发生。

因此要全面提高我国国际咨询工程师的能力。据了解，目前国内工程设计咨询费占项目总投资的 2% ~ 4%，而国际工程设计咨询费占项目总投资的 10% 左右。在国际上，中国工程师的专业水平、技术能力和现场经验要强于外国人。但作为国际咨询工程师，中国人欠缺的是经济、法律、海外经验、FIDIC 的系统知识和综合协调管理能力，同时还有语言障碍问题。所以，我国国际咨询工程师一定要加强前述能力的培养，提高自身综合素质，做一个复合型人才，积极参与国际工程设计咨询市场的竞争，同时为中国企业走向包括"一带一路"的国际市场"保驾护航"。

第六章

"一带一路" PPP 项目争议解决

"一带一路" PPP 项目合同体系

国际工程项目的合作，从项目谈判到项目执行，贯穿始终的是合同。无论是合同执行、费用支付，还是争端解决，都是要拿合同说事。说到底，国际工程项目的合作各方，其权利与义务都是通过合同来体现的。

因此，对于参与"一带一路"PPP 项目的中国企业来说，要特别注意合同的谈判与签订：中国企业需要与 PPP 项目东道国政府进行充分的谈判协商，密切防范其中的风险。而中国企业一旦确定合作，还需要与项目各参与方（地方政府、金融机构、建筑商、供应商、运营商等）签订一系列的 PPP 合同，这就涉及与多个合同相对人的谈判协商。总的来说，"一带一路"PPP 项目是一个合同体系，社会资本是整个 PPP 项目的核心，很多合同是通过社会资本来谈判和签订的，这就更加要求中国企业具有很高的法律防范意识和法律专业知识。

1. PPP 合同是一个综合法律体系

PPP 模式下，合作主体主要是政府和社会资本。此外，还有围绕 PPP 项目的设计、融资、建设、运营、维护和中介咨询的各类主体。总的来说，PPP 合同是一个综合的法律体系。在这个法律体系中，项目各参与方通过各类合同来确立和调整彼此之间的权利义务关系。具体来说，PPP 合同体系主要由各个基本合同构成，通常包括 PPP 项目合同（由政府与社会资本签订）、股东协议（如 PPP 项目公司非单一股东，则由各股东签订）、融资合同（由 PPP 项目公司与金融机构签订）、运营服务合同（由 PPP 项目公司与运营机构签订）和保险合同（由 PPP 项目公司与保险机构签订）等基本合同。

2. PPP 项目合同

所谓 PPP 项目合同是指政府和社会资本之间签订的合作合同。就地位和重要性而言，PPP 项目合同是整个 PPP 合同体系的核心，也是其他合同产生的基础。

我国对 PPP 项目合同的定义非常明确。国家发改委印发的《PPP 项目通用合同指南》规定："PPP 项目合同是指政府主体和社会资本依据《中华人民共和国合同法》及其他法律法规就政府和社会资本合作项目的实施所订立的合同文件。"财政部印发的《PPP 项目合同指南》指出："PPP 项目合同是指政府方（政府或政府授权机构）与社会资本方（社会资本或项目公司）依法就 PPP 项目合作所订立的合同。"可以说，国家发改委和财政部的这两份 PPP 合同指南关于 PPP 项目合同的定义基本相同，都强调的是政府方与社会资本方依法就 PPP 项目实施所签订的合同。

3. 股东协议

实践中，有的 PPP 项目不需要成立项目公司，有的则根据项目具体情况需要成立专门的 PPP 项目公司，并以 PPP 项目公司的名义与政府约定双方基本的权利义务关系。

如果需要成立 PPP 项目公司，这就涉及一个重要的协议即股东协议，股东协议由 PPP 项目公司的股东签订，用以在股东之间建立长期、有约束力的合约关系。①

　　具体到"一带一路" PPP 项目，鉴于"一带一路"沿线国家政治环境、经济环境、法律环境、人文风俗千差万别，中国企业对沿线国家的了解程度远不如对国内社会经济环境熟悉，因此，为了降低自身投资风险，规避未来的项目隐患，建议中国企业与"一带一路" PPP 项目东道国政府共同成立 PPP 项目公司，从而与东道国政府成为一个利益共同体，而这也符合"一带一路"的精神："一带一路"建设资金需求量非常大，远非一国投入所能解决，应该坚持"多方参与共建、多种融资方式并举"的原则，"一带一路"沿线 60 多个国家都是工程项目的平等参与者，也是最终受益者，应该联合共建，不仅要调动外方社会资本和国际资本的资源，更要动员项目所在国投入资金或给予政策支持，形成"共担风险、共同受益"的利益共同体。

4. 融资贷款合同

　　PPP 项目大多是基础设施建设项目和社会公用事业项目，投资规模大，尤其是"一带一路" PPP 项目投资规模更是惊人，项目多是高速公路、高铁、机场、港口、水利水电等项目，而且通常是一个国家乃至地区的标志性建筑，比如有的高速公路连接两个甚至更多国家，国际性的大港口也较为常见，这样的 PPP 项目投资规模动辄几十亿美元甚至数百亿美元。无论是项目所在国社会资本，还是包括中国企业在内的"国外资本"，要利用自有资金完成巨量的 PPP 项目并不太现实，需要向银行等金融机构融资，即社会资本需要与银行、基金、信托、保险等资金提供方签订融资贷款合同。

---

　　① 股东协议的主要条款有：项目公司的设立和融资、经营范围、股东权利、履行 PPP 项目合同的股东承诺、股东的商业计划、股权转让、股东会、董事会、监事会组成及其职权范围、适用法律和争议解决等。

5. PPP 项目履约合同

PPP 项目履约合同主要包括工程设计合同、工程承包合同、原材料供应合同、运营服务合同等，这些合同是 PPP 项目合同进入实际操作阶段后，社会资本或 PPP 项目公司与相关方签订的一系列合同。

(1) 工程设计合同

工程设计合同是基于项目建设需要，由社会资本或 PPP 项目公司与工程技术设计单位签订的合同。工程设计合同是工程建设的前置条件。

(2) 工程承包合同

PPP 模式下，社会资本或 PPP 项目公司本身不一定具备自行设计、建设项目的资质，通常会将部分或全部建设工程委托给具有相应资质的工程承包商。此时，社会资本或 PPP 项目公司需要与具有资质的工程承包商签订工程承包合同，以完成项目的建设。实践中，社会资本或 PPP 项目公司既可以与单一的具有相应资质的承包商签订总承包合同，也可以分别与不同的承包商签订合同。

(3) 原材料供应合同

对于 PPP 项目而言，原材料如基建中的钢筋、水泥等在整个工程建设成本中所占的比例比较大，容易受价格波动和市场供求等影响。为了防控原材料供应风险，社会资本或 PPP 项目公司通常会与原材料的主要供应商签订长期供应合同，约定一个相对稳定的原材料价格，以降低自身的投资风险。对"一带一路"PPP项目而言，由于工程规模大、需要的原材料多，且相当多的原材料如钢筋、水泥需要进口，更容易受国际市场的影响。基于管控建设风险和降低建设成本的需要，更是与原材料的主要供应商签订长期、稳定的供应合同。

（4）运营服务合同

政府之所以选择与社会资本合作，除了政府财政压力大，政府还看中社会资本的技术实力和运营管理能力，需要借助社会资本提高 PPP 项目的运营效率。实践中，有的社会资本为了形成规模效益，或者引进更有实力的运营公司以达到降低运营成本增加利润的目的，往往将项目部分或全部运营外包给有经验的专业运营商，并与其签订长期运营服务合同。

需要指出的是，社会资本或 PPP 项目公司外包运营维护事务，需要事先取得政府方的同意，且社会资本的运营和维护义务并不会因为将运营维护事务外包而豁免。

6. 保 险 合 同

"一带一路" PPP 项目资金规模大、生命周期长，社会资本或 PPP 项目公司以及其他相关参与方通常需要对项目融资、建设、运营等不同阶段不同类型的风险分别进行投保以分担风险，实践中主要包括货物运输险、建筑工程险、第三人责任险等。

就中国企业而言，中国企业需要结合"一带一路" PPP 项目东道国的政治环境、法律法规、人文风俗，并根据 PPP 项目融资、建设、运营等不同阶段不同类型的风险分别进行投保以分担风险。对于与我国没有签订双边投资保护协定的国家，建议通过与项目东道国有投资协定的国家转投。不仅如此，中国企业还可以与项目东道国有实力的优质合作伙伴合资合作，向中国出口信用保险公司投保等。

7. 其他合同

PPP 项目参与主体众多，除了政府、社会资本、金融机构、承包商、原材料供应商、运营商等主角外，专业的中介机构也是不可或缺的重要参与主体。无论是政府，还是社会资本一般均需要咨询、法律等中介机构的大力支持，以更加科学地实施 PPP 项目。

因此，我国要积极培育和促进国内专业机构、中介组织、智库平台和高校研究中心等，以配合"一带一路"战略，为中国企业开展"一带一路"PPP 项目提供智力支持。

我国对解决 PPP 项目争议的规定

无论是国内还是国际商业经济领域，有合作就有分歧。在国内 PPP 项目合作中，社会资本与地方政府产生争议的现象并不鲜见。在"一带一路"投资建设中，中国企业投资建设 PPP 项目与项目东道国产生争议也不奇怪。作为"走出去"的中国企业，遇到 PPP 项目争议，千万不能惊慌失措，而应该沉着冷静地应对，并以最低成本、最小代价科学合理地解决争议。

1. PPP 项目诉讼无"赢家"

PPP 项目在长期合作过程中，政府与社会资本、社会资本与承包商及其他合作者产生争议并不鲜见，因此仲裁或诉诸法院的案例也并不在少数。

调研发现，政府与社会资本如同一对"夫妻"，在经历了前期合作的"蜜月期"后，一旦项目进入长期的建设和运营期，大量的具体问题需要解决，政府与社会资本免不了就一些"家庭琐事"产生摩擦和争议，例如，政府资金无法及时到位、政府对社会资本提供的服务质量不满意、政府与社会资本对价格调整意见不统一等。在这种情况下，如果合作双方能够科学、理性、妥善地处理好纠纷和矛盾，互谅互让，在最大程度上减少损失和消除不良影响，PPP 项目尚可继续运行，达到双方最初的目的。反之，如果合作双方各执己见，互不相让，争议有可能越来越大，小事变大事，项目将面临失败的风险。

事实上，PPP 项目争议中，政府与社会资本一旦对簿公堂，博弈双方不会有真正的"赢家"。具体来说，PPP 项目中政府与社会资本产生争议，调解不成诉诸法庭后，结果主要有三种可能性：一是政府胜诉社会资本败诉，但政府信用会受到损失，这样以后不管是国内社会资本还是国外社会资本到本地投资都会相当谨慎，甚至望而却步，无疑增加了政府引资的难度。社会资本败诉后将面临着巨大的损失。二是社会资本胜诉政府败诉，要么社会资本退出，要么项目继续推进，如果是后者，将对项目未来继续运营极为不利，毕竟社会资本还需要与政府部门长期合作，还需要政府从资金（如项目补贴、奖励等）、规划（如排他性竞争）、价格调整等方面予以大力配合。三是政府与社会资本最终能够达成和解，这种结果固然很好，但双方将会为诉讼花费大量人力、物力和时间成本。

总的来说，政府和社会资本无论哪一方胜诉，都不是双方当初合作时愿意看到的。双方合作的关系一旦闹僵，项目是否能够持续稳定推进将打上一个大大的问号：打官司后，双方合作的成本将大大增加，存在各种不确定性因素，至少失去了对方的信任，政府担心社会资本会在运营过程中"搞名堂"，如污水处理项目减少药剂、偷排等，社会资本则担心政府会利用行政职权寻机"报复"，等等。

以我国为例，由于我国 PPP 推广尚处于起步阶段，再加上 PPP 法律法规体系不健全，政府和社会资本还比较缺乏操作经验，实践中产生纠纷和争议不可避免，有的甚至导致项目失败。

2. 我国对解决 PPP 项目争议的规定

关于 PPP 项目的争议解决，我国财政部和国家发改委均提出了争议解决的方式，规定可将相关争议提交仲裁或诉讼。

（1）财政部对 PPP 合同的争议解决

我国财政部《PPP 项目合同指南（试行）》（财金〔2014〕156 号）"适用法律及争议解决"规定，在适用法律方面，在一般的商业合同中，合同各方可以选择合同的管辖法律（即准据法）。但在 PPP 项目合同中，由于政府方是合同当事人之一，同时 PPP 项目属于基础设施和公共服务领域，涉及社会公共利益，因此在管辖法律的选择上应坚持属地原则，即在我国境内实施的 PPP 项目的合同通常应适用我国法律并按照我国法律进行解释；在争议解决方面，由于 PPP 项目涉及的参与方众多、利益关系复杂且项目期限较长，因此在 PPP 项目所涉合同中，通常都会规定争议解决条款，就如何解决各方在合同签订后可能产生的合同纠纷进行明确的约定。争议解决条款中一般以仲裁或者诉讼作为最终的争议解决方式，并且通常会在最终争议解决方式前设置其他的争议解决机制，以期在无须仲裁或者诉讼的情况下快速解决争议，或达成一个暂时具有约束力、但可在之后的仲裁或诉讼中重新审议的临时解决办法。争议解决方式通常需要双方根据项目的具体情况进行灵活选择。上述《指南》列举了友好协商、专家裁决、仲裁三种 PPP 项目常见的争议解决方式。

1）友好协商

多数 PPP 项目合同中都会约定在发生争议后先由双方通过友好协商的方式解决纠纷，目的是为了防止双方在尝试通过协商解决争议之前直接启动正式的法律程序。

实践中，协商的具体约定方式包括：一是协商前置。即发生争议后，双方必须在一段特定期限内进行协商，在该期限届满前双方均不能进入进一步的法律程序。二是选择协商，即将协商作为一个可以选择的争议解决程序，无论是否已进入协商程序，各方均可在任何时候启动诉讼或仲裁等其他程序。三是协商委员会，即在合同中明确约定由政府方和 PPP 项目公司的代表组成协商委员会，双方一旦发生争议应当首先提交协商委员会协商解决。如果在约定时间内协商委员会无法就有关争议达成一致，则会进入下一阶段的争议解决程序。[①]

2）专家裁决

除了友好协商外，对于 PPP 项目中涉及的专业性或技术性纠纷，还可以通过专家裁决的方式解决。负责裁决的独立专家可以由双方在 PPP 项目合同中予以委

---

① 通常协商应当是保密并且"无损实体权利"的，当事人在协商过程中所说的话或所提供的书面文件不得用于之后的法律程序。因为如果双方能够确定这些内容在将来的诉讼或仲裁中不会被作为不利于自己的证据，他们可能更愿意主动做出让步或提出解决方案。

任,也可以在产生争议之前共同指定。专家裁决通常适用于对事实无异议、仅需要进行某些专业评估的情形,不适用于解决那些需要审查大量事实依据的纠纷,也不适用于解决纯粹的法律纠纷。

需要说明的是,友好协商和专家裁决方式形成的结果不具有人民法院的强制执行力,如果一方不履行友好协商和专家裁决结果,不能通过人民法院司法强制手段执行。

3)仲裁

仲裁是一种以双方书面合意进入仲裁程序为前提(合同双方必须书面约定将争议提交仲裁)的替代诉讼的纠纷解决方式。

一般而言,仲裁相较于诉讼,具有下列优点:一是仲裁程序更具灵活性,更尊重当事人的程序自主;二是仲裁程序更具专业性,当事人可以选择相关领域的专家作为仲裁员;三是仲裁程序更具保密性,除非双方协议可以公开仲裁,一般仲裁程序和仲裁结果均不会对外公开;四是仲裁程序一裁终局,比诉讼程序更快捷、成本更低。依照我国法律,仲裁裁决与民事判决一样,具有终局性和法律约束力。除基于法律明确规定的事由,法院不能对仲裁的裁决程序和裁决结果进行干预。

(2)国家发改委对 PPP 合同的争议解决规定

国家发改委发布的《政府和社会资本合作项目通用合同指南》(2014 年版)规定争议解决方式有以下三种:

一是协商,通常情况下,项目合同各方应在一方发出争议通知指明争议事项后,首先争取通过友好协商的方式解决争议。协商条款的编写应包括基本协商原则、协商程序、参与协商人员及约定的协商期限。若在约定期限内无法通过协商方式解决问题,则采用调解、仲裁或诉讼方式处理争议。

二是调解,项目合同可约定采用调解方式解决争议,并明确调解委员会的组成、职权、议事原则、调解程序、费用的承担主体等内容。

三是仲裁或诉讼,协商或调解不能解决的争议,合同各方可约定采用仲裁或诉讼方式解决。采用仲裁方式的,应明确仲裁事项、仲裁机构。此外,诉讼或仲裁期间项目各方对合同无争议的部分应继续履行;除法律规定或另有约定外,任何一方不得以发生争议为由，停止项目运营服务、停止项目运营支持服务或采取其他影响公共利益的措施。

有了争议就需要设置科学合理的争议解决机制，从最大程度上减小合作双方的损失、降低不良影响，PPP 合同也不例外。虽然就全球范围而言我国大力推广 PPP 的时间不长，但 PPP 合同越来越规范。以某污水处理 BOT 项目为例，就争议的解决，甲方（某县人民政府）与乙方（某社会资本）约定：一是双方友好协商解决，若双方对本协议条款的解释（包括关于其存在、有效或终止的任何问题）产生任何争议、分歧或索赔，则应尽量通过友好协商解决该争议、分歧或索赔；二是仲裁，有关本协议的所有争议将由某仲裁委员会根据仲裁规则进行仲裁。此仲裁的最终裁决对双方均具有约束力。

此外，2015 年 6 月，最高人民法院为充分发挥人民法院审判职能作用，有效服务和保障"一带一路"建设的顺利实施，发布了《关于人民法院为"一带一路"建设提供司法服务和保障的若干意见》（法发〔2015〕9 号）（以下简称《意见》）。

《意见》指出，切实增强为"一带一路"建设提供司法服务和保障的责任感与使命感，准确把握"一带一路"建设司法服务和保障的内涵与基本要求。要积极回应"一带一路"建设中外市场主体的司法关切和需求，大力加强涉外刑事、涉外民商事、海事海商、国际商事海事仲裁司法审查和涉自贸区相关案件的审判工作，为"一带一路"建设营造良好的法治环境。要依法加强涉沿线国家当事人的仲裁裁决司法审查工作，促进国际商事海事仲裁在"一带一路"建设中发挥重要作用。要正确理解和适用《承认及执行外国仲裁裁决公约》。要探索司法支持贸易、投资等国际争端解决机制充分发挥作用的方法与途径，保障沿线各国双边投资保护协定、自由贸易区协定等协定义务的履行，支持"一带一路"建设相关纠纷的仲裁解决。《意见》支持发展多元化纠纷解决机制，依法及时化解涉"一带一路"建设的相关争议争端。要充分尊重当事人根据"一带一路"沿线各国政治、法律、文化、宗教等因素做出的自愿选择，支持中外当事人通过调解、仲裁等非诉讼方式解决纠纷。

可以说，我国法院对仲裁程序和公共政策的监督，保障了仲裁裁决的正当性，增强了当事人对仲裁公平公正解决争议的信心，吸引"一带一路"沿线国家当事人选择在中国进行仲裁。

"一带一路" PPP 项目争议解决机制

经过多年的发展，"一带一路"沿线许多国家在 PPP 模式实践方面都有了不小的进步，并且结合本国经济社会情况颁布了相关的 PPP 法律法规，这为国外资本开拓"一带一路" PPP 市场提供了一定的法律保障。放眼海外，走向"一带一路"的中国企业，为了维护自身的投资权益，应该重视 PPP 项目争议解决机制，且将争议解决的风险管理放到重要的位置加以重视。

1. 世界商业合作争议解决机制

梳理发现，目前世界范围内商业合作争议解决机制主要为：协商、调解、仲裁和诉讼。

就 PPP 项目而言，实践中，政府和社会资本一般都会在 PPP 合同中约定发生争议时双方先协商解决，协商不成再采取诉讼或者仲裁等方式。以我国为例，财政部发布的《政府和社会资本合作项目政府采购管理办法》（财库〔2014〕215 号）规定："项目实施机构和中标、成交社会资本在 PPP 项目合同履行中发生争议且无法协商一致的，可以依法申请仲裁或者提起民事诉讼。"而即使是在民事诉讼阶段，协商解决也是一道必不可少的程序。在法官的调解之下，争议双方就 PPP 项目的焦点问题进行沟通，最后达成新的合意，矛盾得以调和，合同继续履行。①

相较仲裁和诉讼，协商、调解具有效率高、成本低的特点。有专家认为，"一带一路"建设亟待加强法治建设，特别是多元化国际与区域争端解决机制建设，包括国际司法援助与合作机制、国际仲裁机制、国际调解机制等。

2. "一带一路"PPP项目：国家主权豁免原则在仲裁或诉讼中的应用

"一带一路"PPP项目一旦合作方发生争端，往往通过协商、调解的方式解决。然而，并非每一个争端都会通过协商、调解的方式圆满解决，争端往往存在协商或调解不成的情况。

实践中，常见投资"一带一路"PPP项目的社会资本对项目东道国政府提起诉讼或仲裁。而一旦提起诉讼或仲裁，首先要考虑国家主权豁免问题。

所谓国家主权豁免，又称国家管辖豁免，是指一个国家的行为和财产不受（或免受）他国管辖，包括他国的司法、行政和立法等方面管辖的豁免。通常的豁免是指司法意义上的豁免。从司法上说，国家主权豁免是指不得对一个国家起诉或对其财产加以扣押或执行。这一实践的法律根据是主权原则，即各国都是平等独立的，一国不能接受另一国家的统治。总的来说，国家主权豁免即非经一国同意，该国的国家行为和财产不得在外国法院被管辖，该国在外国的财产也不得被扣押或强制执行。国家主权豁免一般作为国际公法的一个内容出现，而在司法实践中一般表现为国家的行为及其财产或免受他国管辖，该原则的设立主要是为了体现国家主权的独立性，并以"明示放弃"作为主要表达方式更有利于表现

---

① 调解被国际社会誉为"东方价值""东方瑰宝"，包括中国法院和仲裁庭在内的东方司法和仲裁机构均非常重视调解，有的地区甚至将调解作为启动司法程序的先决条件。我国《民事诉讼法》规定："人民法院审理民事案件，应当根据自愿和合法的原则进行调解；调解不成的，应当及时判决。""人民法院审理民事案件，根据当事人自愿的原则，在事实清楚的基础上，分清是非，进行调解。""人民法院进行调解，可以由审判员一人主持，也可以由合议庭主持，并尽可能就地进行。"

政府的权威。

在"国家主权豁免"原则下，投资"一带一路"PPP 项目的社会资本如果要对项目东道国政府提起诉讼，通常只能在东道国国内法院提起，东道国国内法院基于属地原则取得管辖权。反过来说，如果社会资本向他国法院对项目东道国政府提起诉讼，东道国政府有权基于"国家主权豁免原则"，拒绝接受他国法院管辖。因此，在"一带一路"PPP 项目争端中，如果社会资本要起诉项目东道国政府，只能在东道国国内法院提起诉讼，不能在他国法院提起诉讼，这是一条通行的原则。

3. 社会资本申请执行东道国政府财产的方式

在因 PPP 项目提交仲裁或诉讼且仲裁庭做出仲裁裁决或法院作出判决后，横亘在外方社会资本面前的一个现实问题是：一旦胜诉，能否向法院申请执行东道国政府财产？

实践中，外方社会资本即使赢得了与东道国政府的仲裁或诉讼，也面临执行难的窘境。事实上，国际上投资领域的执行非常困难，《解决国家与他国国民间投资争端公约》（即 1965 年《华盛顿公约》，下同）对裁决的执行完全是自律性的，败诉东道国是否执行裁决主要取决于其意愿以及国际社会的压力。

专家分析认为，外方社会资本要获得执行主要有三种方式：一是 PPP 项目东道国政府自动履行法院判决或仲裁裁决；二是外方社会资本向 PPP 项目东道国法院申请执行本国法院判决或仲裁裁决；三是外方社会资本向 PPP 项目东道国政府财产所在地的他国法院申请执行仲裁裁决。上述第一种方式取决于项目东道国的意志，即东道国政府愿意自动履行法院判决或仲裁裁决，这种方式对外方社会资本最为有利。第二种方式受东道国国内法律管辖，如果东道国国内法律规定外国投资者可以向本国法院申请执行本国法院判决或仲裁裁决，则社会资本维权路径较为便利，反之则维权困难。第三种方式比较前两种方式更为复杂，首先他国法院面临的问题是东道国政府是否享有管辖豁免？如果东道国政府坚持豁免原则，那么意味着他国法院对其财产没有司法管辖权，结果是外方社会资本只取得名义上的"胜利"。即使东道国是《华盛顿公约》的缔约国，外方社会资本也面临执行难的问题。因为根据《华盛顿公约》第54条规定："每一缔约国应承认依照本公约作出的裁决具有约束力，并在其领土内履行该裁决所加的财政义务，正如该裁决是该国法院的最后判决一样。"第55条规定："第54条的规定不得解释为背离任何缔约国现行的关于该国或任何外国执行豁免的法律。"根据上述规定，当东道国政府与外国投资者签订仲裁协议、接受解决投资争端国际中心仲裁时，该国政府即放弃了管辖豁免，但并未放弃执行豁免。

除了协商、调解、仲裁和诉讼等争议解决方式外，外交保护也是一种解决投资争端的方式。通过政治途径解决投资争端，手段通常包括谈判磋商、调停、调解、外交保护等。不过，外交方式大多基于政治因素考量，不具备法律上的保障。

总之，在中国企业积极投资建设"一带一路"PPP项目的大背景下，中国企业与项目东道国政府和相关合作方发生争议不可避免。面对各种可能发生的风险，中国企业应当背靠强大的祖国，科学、灵活地运用法律知识、掌握法律武器，积极稳妥地解决争议。

4. 高度重视"一带一路"PPP项目 合同争议解决条款

实践发现，我国国内部分社会资本对待包括PPP合同在内的合同有一种错误的观点，即认为政府和社会资本签订的PPP合同"越简单越好"，因为只有越简单才越有利于执行，而条款设计越复杂的合同越容易产生争议。可以说，这是一种典型的"一张纸"观念：合同不重要，一切都按经验来，保证错不了。殊不知，商业合作一旦陷入纠纷，"一张纸"的弊端便显露无遗。在国内长期形成的习以为常的商业习惯或默认的商业规则，在国外并不一定行得通，尤其是"一带一路"沿线国家多达60多个，各个国家经济发展程度、法律环境、商业习惯都不一样，有的国家商业合同条款设计要求十分缜密，有的国家则要求相对宽松。换句话说，此处的合同是"一张纸"，彼处的合同则是"一本书"。很显然，想让"一张纸"放之四海而皆准是根本行不通的，也是非常不现实的。而正是对涉外合同条款重视程度不够，导致一旦产生争议涉诉，中国企业败诉的概率很大。

严格来说，争议解决条款的设计既是 PPP 合同的重要组成部分，也是风险管理的重要组成部分。中国企业一定要高度重视"一带一路"PPP 项目争议解决条款的设计。

总之，基于"一带一路"沿线各国经济发展水平参差不齐、法律法规不尽相同，如果简单地照抄照搬国际上已有的法律法规，多数情况下并不符合目前"一带一路"沿线各国推广 PPP 的实际，也不符合 PPP 项目东道国政府和国内国际社会资本的切身利益。

鉴于此，当下应结合"一带一路"沿线国家和地区的客观实际情况，在借鉴和吸收既有的国际贸易争端解决机制的基础上，建立符合"一带一路"的争端解决机制，以促进"一带一路"建设的稳步推进。

"一带一路" PPP 项目仲裁

包括中国企业在内的社会资本就"一带一路"PPP 项目与项目东道国政府发生争议后，主要有协商、调解、仲裁、诉讼等解决方式。通过项目东道国的法院解决争议并非外方社会资本的首选。如果争议无法通过协商、调解方式解决，对PPP 项目东道国政府而言，希望由本国法院解决；而对外方社会资本而言，为了更好地维护自身权益，更希望由第三国或国际组织仲裁解决。

1. 仲裁优势多

"一带一路"沿线国家和地区投资法律风险较大，从社会资本海外投资的角度看，在具体解决争议时，比起到法院诉讼，通过仲裁庭仲裁解决更为理想。主要是仲裁方式具有多方面的优势。

（1）仲裁受地域和行政影响较小

与仲裁方式相比，诉讼方式具有明显的属地性。PPP 项目合作方更希望选择自己住所地法院作为管辖权法院，即项目东道国希望诉讼地在本国，而外方社会资本希望诉讼地在社会资本所在国。究其原因，主要是以当事人国的法律程序解决争议对当事人较为有利。由于仲裁地往往既不在项目东道国，也不在社会资本所在国，因此受地域和行政影响较小。

（2）仲裁程序精简，节约当事人诉讼成本

按照仲裁规则，一般实行"一裁终裁制"。而诉讼则程序较为复杂，一般要经过多轮程序才能终审。以我国为例，我国司法诉讼执行的是"二审终审制"，而在英格兰地区，则需要三轮程序，整个过程甚至历时数年。

可以说，仲裁的"一裁终局"制大大提高了纠纷解决的效率，规避了冗长的诉讼程序，降低了当事人争议解决的成本（经济成本和时间成本）。

（3）仲裁程序中当事人具有高度的自由选择权

在国际仲裁中，当事人在仲裁程序中享有高度自主权，可以自由选择争议解决机构、争议解决地、争议解决规则、仲裁语言、仲裁员等。

据了解，"一带一路"沿线 60 多个国家中有 32 个国家以《联合国国际贸易法委员会国际商事仲裁示范法》为蓝本制定了本国的仲裁法，这为"一带一路"PPP 项目争议解决奠定了坚实的基础。仲裁以充分的当事人意思自治为基础，仲裁机构的选定、仲裁员的指定、仲裁地和仲裁语言的确定、仲裁程序的安排等均优先由当事人自行约定，当事人在仲裁程序中享有高度自主权，这在法院诉讼中是难以实现的。以我国为例，我国《仲裁法》规定："当事人采用仲裁方式解决纠纷，应当双方自愿，达成仲裁协议。没有仲裁协议，一方申请仲裁的，仲裁委员会不予受理。""仲裁庭在作出裁决前，可以先行调解。当事人自愿调解的，仲裁庭应当调解。调解不成的，应当及时作出裁决。调解达成协议的，仲裁庭应当制作调解书或者根据协议的结果制作裁决书。调解书与裁决书具有同等法律效力。"

由于当事人可以自由选定项目争议裁判者，因此可以保证裁判的专业性。"一带一路"PPP 项目等国际民商事争议涉及较复杂的法律和技术问题，因此需要来自各领域和相关行业的专家作为审理案件的仲裁员，而仲裁程序的高度自主权可以保障仲裁当事人选择专业的仲裁员。具体来说，仲裁当事人可以选择本国国籍的专业人士担任仲裁员，可以约定由第三国籍的人士担任首席仲裁员，从而消除对方对于裁判者中立性的顾虑。以上海国际仲裁中心为例，现有仲裁员 858名，其中外籍及港澳台地区仲裁员 324 名，占 37.76%；仲裁员来自 61 个国家和地区，其中含 26 个"一带一路"沿线国家。此外，上海国际仲裁中心还允许当事人在《仲裁员名册》外选择仲裁员，为当事人提供了更大的选择空间。

（4）仲裁程序具有严格的保密性

应该说，包括"一带一路" PPP 项目在内的国际 PPP 项目，不仅投资规模大，而且涉及各当事方的诸多秘密，尤其是商业秘密。而法院诉讼以公开审理为原则，司法实践中，法院审判通常采用公开审判方式（除非当事人以商业秘密为由要求不公开审理）。

而保密性是国际商事仲裁的基本原则：一是仲裁程序保密性强，尤其是对商业秘密要求严格的海外 PPP 项目更是如此；二是仲裁范围往往仅限于仲裁员和仲裁当事人，这从程序上就有效地保护了当事人的商业秘密、技术秘密和商业声誉。从保密的角度讲，"一带一路" PPP 项目社会资本更倾向于采取仲裁方式解决项目争议。

（5）仲裁裁决容易得到外国法院承认与执行

如上所述，仲裁方式程序精简、成本低、当事人具有自由选择权、有严格的保密性。那么，仲裁裁决方式优点多，其裁决的法律效果又如何呢？

《联合国承认及执行外国仲裁裁决公约》（简称《纽约公约》）目前成员国已经达到 156 个，覆盖了全球约 80% 的国家和地区，使得仲裁裁决更易得到各国法院的承认与执行，这为承认和执行外国仲裁裁决提供了保证和便利，为进一步开展国际商事仲裁活动起到了推动作用。《纽约公约》处理的是外国仲裁裁决的承认和仲裁条款的执行问题。中国政府 1987 年 1 月递交加入书，该公约 1987 年 4 月对我国生效。可以说，仲裁裁决在执行上的国际性优势，法院判决短期内将难以企及。

据统计，截至 2015 年 11 月，"一带一路"沿线 60 多个国家中加入《纽约公约》的国家有 55 个。前述 60 多个国家中，同中国签订有民事司法协助条约的国家仅为 10 个、签订有民事及刑事司法协助条约的国家也只有 16 个。数字说明我国在与"一带一路"相关国家签订司法协助条约方面还有大量工作要做。

总的来说，仲裁方式受到海内外政府和市场主体的青睐，已经成为最为有效和最受欢迎的国际商事争议解决机制。因此，对于投资建设"一带一路"PPP 项目的中国企业而言，要尽可能在相关合同中选择仲裁方式作为争议解决机制。

2. 国际仲裁的核心要素

(1) 仲裁机构的选择

"一带一路"PPP 项目当事方产生争议后，如果双方选择以仲裁方式解决，那么首先就面临仲裁机构的选择问题。据介绍，全球范围内知名的国际仲裁机构主要有国际商会仲裁院（ICC）、美国仲裁协会（AAA）、伦敦国际仲裁院（LCIA）等。由于"一带一路"PPP 项目合作各方地位平等，业内人士建议选择中立于当事人双方的第三国作为仲裁地，并选择国际知名仲裁机构为争议解决机构，如前述 ICC、AAA 和 LCIA 等。

实践中，就仲裁机构的选择，政府间双边投资协定和自由贸易协定大多给予投资者仲裁选择，包括临时仲裁（大多适用《联合国国际贸易法委员会仲裁规则》）和机构仲裁（主要为国际投资争端解决中心，简称"ICSID"）。

需要说明的是，ICSID 是依据《华盛顿公约》建立的世界上第一个专门解决国际投资争议的国际性常设仲裁机构，是一个通过调解和仲裁方式专为解决政府与外国私人投资者之间的争端提供便利而设立的机构。在法律适用方面，ICSID 坚持意思自治原则，提交该中心调解和仲裁完全是出于自愿。近年来，ICSID 以程序上的公平性、裁决的中立性和有力性受到各方欢迎，发挥的作用越来越明显。[①]

据了解，"一带一路"沿线许多国家都是 ICSID 的缔约国，具备将 PPP 投资争端提交其裁决的条件，这无疑为沿线 PPP 项目合作各方尤其是外国社会资本提

---

① ICSID 的管辖权需满足三个要件：一是一方须为缔约国，另一方须为缔约国他国国民；二是争议须为直接投资引起；三是争议双方需一致同意将争端提交 ICSID 管辖。

供了一个良好的解决争端的渠道。不仅如此,《华盛顿公约》规定缔约方有义务承认并执行仲裁庭做出的裁决,相较于其他仲裁机构做出的裁决在执行上必须依赖《纽约公约》,ICSID 下的仲裁具有一定优势。

(2) 仲裁语言的选择

世界上各种语言五花八门,仅联合国的工作语言就有 6 种(在联合国的所有会议、官方文件,以及有关记录、事务中可以使用的语言称为联合国工作语言,联合国的工作语言共有 6 种:汉语、英语、法语、俄语、阿拉伯语、西班牙语)。

PPP 合同争议所选择的仲裁语言通常为项目所在地语言,而"一带一路"沿线国家中以英语作为官方语言者为数不多,项目所在地语言往往不是国际通用的商务语言。如果仲裁使用项目所在地语言,那么仲裁跨国界的优势将无法体现,建议各方当事人在仲裁条款中力争选择英语作为仲裁语言。

(3) 限制政府方的司法豁免权

如上所述,"一带一路"沿线国家享有"国家主权豁免",项目争议在第三国仲裁后,还面临着执行的问题。因此,包括中国企业在内的外方社会资本,为防止项目东道国政府方通过豁免权免除执行合同义务,应在仲裁条款中明确政府方不享有司法豁免权,以维护自身的合法权益。

3. PPP 合同可约定由社会资本方母国或国际仲裁

由于 PPP 项目具有属地性,多数 PPP 合同选择项目所在地作为仲裁地,并选择项目所在地的仲裁机构作为项目争议解决机构。对投资"一带一路"PPP 项目的外方社会资本而言,显然处于不利地位。为避免地方保护主义的影响,保证争议解决的公平公正,提高社会资本参与"一带一路"PPP 项目的积极性,建议外方社会资本要求项目争议在社会资本方母国或国际仲裁。

需要重点指出的是,虽然世界各国享有"国家主权豁免"的权利,但在经济全球化、各国竞相吸引外资发展本国经济的大背景下，为吸引外商投资，越来越多的国家在商业活动中有限度地放弃这项权利，同意接受仲裁管辖，即逐渐放弃本国法院制度，改为支持通过中立第三方仲裁解决争议，这将提高社会资本投资建设"一带一路" PPP 项目的积极性。

以某"一带一路" PPP 项目仲裁为例（见如下案例）。

【案例】

某 PPP 项目位于"一带一路"沿线中东地区的 E 国。经过前期商谈，PPP 项目公司取得了 E 国地方政府交通运输类 PPP 项目的特许经营权，经营期限为 50 年①；经营方式为 BOT（建设—经营—转让）；经营性质为经营性项目；付费机制为使用者付费。关于 PPP 项目争议解决机制为：

一是 PPP 合同争议解决机制。合同及附件项下争议按照 ICC② 巴黎仲裁庭现行有效的仲裁规则进行仲裁，仲裁地在 D 国首都 C 市，仲裁机构为 C 市地区国际商事仲裁中心。仲裁庭由 3 名仲裁员组成，仲裁语言为阿拉伯语。仲裁实行一裁终裁制，仲裁执行地在 D 国，按照 D 国仲裁法执行。同时，本条特别约定，某 PPP 项目政府方不享有司法豁免权。

二是股东协议争议解决机制。根据 PPP 项目股东协议：合同及附件项下争议按照 ICC 巴黎仲裁庭现行有效的仲裁规则进行仲裁。除各方另有约定外，仲裁地在 D 国首都 C 市，仲裁机构为 C 市地区国际商事仲裁中心。仲裁语言为英语，仲裁庭由 3 人组成，首席仲裁员不能与仲裁任何一方同属一个国籍，按照 D 国仲裁法执行。

---

① 关于 PPP 项目期限问题，我国财政部规定，政府和社会资本合作期限原则上不低于 10 年，"运用 BOT、TOT、ROT 模式的政府和社会资本合作项目的合同期限一般为 20～30 年"。国家发改委规定，"基础设施和公用事业特许经营期限应当根据行业特点、所提供公共产品或服务需求、项目生命周期、投资回收期等综合因素确定，最长不超过 30 年"。通常情况下，我国 PPP 项目期限为 10～30 年。

② ICC 国际商会（The International Chamber of Commerce, ICC）成立于 1919 年，发展至今已拥有来自 130 多个国家的成员公司和协会，是全球唯一的代表所有企业的权威组织。

4. 中国企业应该如何参与国际仲裁

目前，投资"一带一路"PPP 项目的中国企业越来越多，当下和未来与项目东道国政府发生争议不可避免。一旦选择仲裁方式，中国企业应该如何采取仲裁措施，又需要注意哪些事项才能确保自己的合法利益呢？

(1) 积极应诉，运作迅速

实践发现，由于中国企业"走出去"的时间不长，经验不多，在与项目东道国政府发生争议后，往往出现两个极端：一是慌乱，不知如何应对；二是逃避，拖拖拉拉，幻想"大事化小，小事化了"。显然，这两个极端都是不正确的，对解决争议不仅没有帮助，反而会使争议越来越大，事情越来越糟。建议认为，争议发生后，中国企业切勿慌乱，也不要逃避和缺席，更不要拒收仲裁通知，而是应该积极谨慎应诉，且尽量与项目东道国政府以和谈、调解的方式解决，尽最大可能减少投资损失。此外，在仲裁过程中，中国企业期望值不能过高、提出的要求也要符合实际。否则，仲裁拖得越久，不可预见因素越多，比如外国政府选举，出现经济危机甚至发生战争等，将对中国企业不利。

(2) 尽可能选择中国境内的仲裁机构

国际商务合作中，由外方提供的格式合同往往约定争议需要到海外仲裁机构仲裁。

严格来说，仲裁地点和仲裁机构的选择是合作双方利益博弈的焦点，多数情况下双方都不会让步：由于法律、语言等方面的原因，选择己方所在国仲裁地点和仲裁机构往往对自己有利，至少是形式上有利。中国企业如果就"一带一路"PPP 项目合同争议约定在中国境内的仲裁机构仲裁，那么"仲裁员不懂中国法律""歧视中国企业"等常见的问题将迎刃而解。

近年来，随着我国经济的快速增长，中国企业的整体实力有了明显的提升，在很多国际项目尤其是工程建设类的项目竞争中，与一些世界大公司相比，中国企业并不处于下风，很多项目甚至占有明显的优势。因此，在洽谈签订"一带一路" PPP 项目合同时，中国企业应充分利用自己的优势，以自信的心态谈判，并尽量约定争议在我国境内的仲裁机构仲裁。

（3）尽可能约定对中国企业有利的仲裁条款

现实的情况是，在拟定商业合同尤其是海外商业合同方面，欧美发达国家要比中国企业更加严谨和科学。

实践发现，在与外方签订合同时，中国企业往往被动地接受外方提供的所谓格式合同，而这些格式合同中的部分格式条款往往对外方有利，而对中方不利。一旦合同发生争议，中国企业将陷于被动，面临的风险很大。

鉴于此，在签订海外合同时，中国企业一定要格外谨慎，并在约定以仲裁方式解决争议时，尽可能约定对己方有利的仲裁条款，将未来合作的风险程度降到最低。

（4）维护与政府的关系，将负面影响降到最低

应该说，因 PPP 项目合同产生争议是社会资本和政府不愿意看到的，这有违双方采取 PPP 模式合作的初衷，"一带一路" PPP 项目也是如此。

然而，商业合同中的很多争议的确是协商和调解无法解决的，只能通过仲裁或诉讼方式解决。那么，这是否意味着只要进行仲裁或诉讼，原来合作的双方就"撕破脸皮"成为"你死我活的对手"了呢？

显然不是这样。

即使是在 PPP 项目进入仲裁阶段，双方也有义务做好相关的保密工作，从最大程度上降低项目争议给双方带来的损失。无论是对国内 PPP 项目，还是对"一带一路" PPP 项目，社会资本和地方政府都有义务和责任在维护自身权益的同时，降低对对方的伤害。具体来说，"一带一路" PPP 项目的社会资本在仲裁时一定要注意有关案情的信息保密，以免因仲裁而损害政府的形象，从而影响与政府的关系。虽然仲裁会不可避免地影响社会资本与政府的关系，但社会资本应尽最大努力将这种影响降到最低，否则，最终的结果很可能是"赢了官司，输了

未来"。比如有的 PPP 项目争议本有和解的可能,因社会资本大肆宣传导致对抗升级,和解的最后一丝希望破灭。

5. 提高我国仲裁机构的实力和影响力

对于我国仲裁机构而言,一定要进一步加强自身能力建设,要有国际化视野、专业化能力和市场化目标,这样才能匹配解决"一带一路"PPP 项目争议的要求。建议我国仲裁机构应当借鉴国际上成熟的仲裁制度和仲裁规则,围绕"一带一路"沿线国家的实际情况开展研究和培训,提升我国仲裁的国际化、专业化水平,建立一支在地区乃至国际上都有较强影响力的涉外律师和仲裁员队伍。

在具体的操作上:一方面,要在"一带一路"沿线国家开展多层次和全方位的宣传推广,以提升我国仲裁机构的国际知名度和影响力,使沿线国家和地区对我国仲裁机构的目的、宗旨、专业水准和综合能力有全面深刻的认识;另一方面,我国仲裁机构应深化与"一带一路"沿线国家仲裁机构的交流合作,共同培养国际仲裁员队伍。例如,上海国际仲裁中心已与美国仲裁协会、韩国商事仲裁院、日本商事仲裁协会、瑞士仲裁协会等机构签署合作协议,积极构建亚太仲裁机构交流合作机制,还有针对性地增设了金砖国家争议解决上海中心、中非联合仲裁上海中心,并谋划构建服务"一带一路"的国际化平台。

我国在"一带一路"争议解决方面开始积极作为。2016 年 10 月,武汉仲裁委在北京率先发起成立"一带一路"(中国)仲裁院,成为中国仲裁界首家服务"一带一路"倡议的专业仲裁院,受理"一带一路"建设工程和商事项目的争议或纠纷,依法保护中国企业的合法权益。据介绍,该仲裁院已在 2017 年 3 月成功受理了第一件"一带一路"沿线建设工程争议纠纷案件,涉案标的额 1.2 亿元人民币。"一带一路"(中国)仲裁院负责人表示,已组织专家研究"一带一路"沿线国家的法律法规,为中国企业"走出去"推荐通用的国际仲裁示范条款,输出中国仲裁的理念。

建立"一带一路" PPP 项目
争端解决机构

　　随着"一带一路"战略逐步推进，沿线国家涉及基础设施建设和公共服务的 PPP 项目也越来越多。而在项目东道国政府和国际国内社会资本的合作过程中，因项目产生的争议不可避免。因此，如何科学、有效、合理地解决争议是摆在沿线各国和社会资本面前的现实问题。其中，当前最重要的是建立"一带一路" PPP 项目争端解决机构。

1. 国际已有的争端解决机构

　　国际合作产生争议，首先需要有专门的争端解决机构。

　　据介绍，目前，国际上已有双边或多边投资协定解决争端。所谓双边投资协定，是指两国之间订立的专门用于国际投资保护的双边条约。很多双边投资协定中涉及争端解决方式，既可以解决投资国与东道国国家间的争端，又可以解决投资者与东道国之间的争端。以中国为例。根据商务部网站数据，截止到 2016 年 12 月，中国已经签署并生效的双边投资协定共计 104 个，其中包括"一带一路"沿线的 56 个国家。在这些双边投资协定中，对可仲裁事项的规定大致分为两类，一类是可对于投资有关的所有争端进行解决方面，另一类是仅仅能解决关于征收带来的补偿额度争端。这些双边投资协定对解决我国投资者同东道国 PPP 项目的争端提供了有效的途径。

据了解，中国在一些早期签订的双边投资协定中对可以仲裁的事项有着严格规定，往往局限于征收、国有化等事项，随着 PPP 形式的多样化和融资的复杂化，PPP 投资争议的内容日趋多样。建议认为，为了维护我国社会资本的权益，我国进一步完善既有的双边投资协定势在必行，未来我国应同其他国家协商修改或签订补充协议，涵盖更广泛的争议内容，科学、合理地保护各方合作主体的利益。此外，中国企业在深入发展与"一带一路"各地政府合作关系的同时，需要高度注意防范项目东道国政府违约的风险，选择合适的争议解决方式，妥善应对与政府之间可能出现的争议。

在国外 PPP 项目中，由于外国政府违约的风险相对更难以预料和控制，中国企业应选择那些与中国签订了包含仲裁条款的双边投资协定或《华盛顿公约》（中国已经在 1990 年签署了《华盛顿公约》，并于 1993 年批准该公约）的成员国进行合作，并在拟启动投资仲裁程序之前，调查东道国法律对投资仲裁裁决的承认与执行政策，以及东道国政府在他国的财产情况，以便全面评估启动投资仲裁程序的可行性和实际效果。

2. 设立"一带一路"沿线国家争端解决机构和区域性统一国际司法机构

建议还认为，为了维护"一带一路"沿线国家政府和社会资本的共同利益，"一带一路"沿线国家应共同设立一个新的独立争端解决机构，专门负责解决包括 PPP 项目在内的项目争议，且无论是项目东道国政府还是外方社会资本，均可就对方违约行为诉诸该争端解决机构。

具体而言，"一带一路"独立争端解决机构主要有以下优势：一是"一带一路"沿线国家大多数为发展中国家，这类机构有利于发展中国家更多地融入世界经济的主流，从而促进"一带一路"沿线国家经济的发展；二是"一带一路"沿线国家在经济发展方面具有高度相似性，这有利于合作各方达成一致意见，而不是使项目东道国政府和社会资本陷入遥遥无期的争议中；三是作为一个专门针对"一带一路"项目争端的解决机构，对沿线相关国家的国情、经济发展状况和合作背景等有更充分的了解，较之其他解决机构更专业，解决结果将更公平。①

此外，"一带一路"建设有利于区域经济的协同发展，而建立一个区域性的国际司法机构十分必要。就区域争端解决方面，中国已经积极参与中国—东盟自由贸易区②，利用该区域组织的争端解决机制来处理同"一带一路"沿线的 PPP 投资纠纷，其主要方式包括磋商、调解、调停、仲裁等，各种方式可灵活运用，程序可自由选择，时间可随时开始、终止。

---

① 关于如何成立独立的争端解决机构，业内专家建议采取"由下至上、先民间后官方"的原则，先由"一带一路"沿线国家的专家学者讨论、建议争端解决机构的框架结构、运作模式、适用原则和运作细则等，然后提交"一带一路"沿线国家政府考虑。待沿线国家政府取得一定共识后，则可邀集政府代表具体谈判并达成协议。

② 中国—东盟自由贸易区，是中国与东盟十国组建的自由贸易区。2010 年 1 月，贸易区正式全面启动。自贸区建成后，东盟和中国的贸易占到世界贸易的 13%，成为一个涵盖 11 个国家、19 亿人口、GDP 达 6 万亿美元的巨大经济体，是目前世界人口最多的自贸区，也是发展中国家间最大的自贸区。

第七章

欧美 PPP 模式经验借鉴

欧美领跑全球 PPP 模式发展

公开资料显示，PPP 模式的雏形最早起源于 17 世纪的英国，距今已有三百多年的历史。而 PPP 模式取得长足发展则是自 20 世纪 90 年代起，欧美、日本等地进行了探索和实践，并且在基础设施和公共服务领域如交通运输、燃料和能源、环境和卫生等领域产生了许许多多成功的案例，对所在国的经济社会发展起到了巨大的推动作用。

1. 英国是现代 PPP 模式的鼻祖

研究认为，英国是现代 PPP 模式的鼻祖，也是当前 PPP 模式最发达的国家之一。

（1）英国发展现代 PPP 卓有成效

近年来，英国在教育、环保、交通等诸多领域大力推广 PPP 模式。在大多数国家的 PPP 模式还只是集中于基础设施领域时，英国再次先行一步，PPP 项目的触角已经向公共服务领域扩展，涉及国防、公共秩序、娱乐文化、教育等。2005 年以后，这种趋势更加明显。无论从项目投资规模还是数量上看，教育、卫生领域的 PPP 项目占比均超过 50%。

梳理发现，英国在现代 PPP 的发展上，进行了成功和卓有成效的探索（见表 7 - 1）。

表 7 - 1　英国发展现代 PPP

序号	时间	主要内容
1	20 世纪 90 年代初	英国政府推出私人主动融资 PFI（Private Finance Initiative）模式，标志着现代 PPP 模式的诞生，其主要解决英国当时的城市公共管理的效率问题。英国利用这种模式不仅建设和运营地铁、桥梁、机场、电厂、水厂、污水与垃圾处理等，甚至利用这种模式建设和管理医院及监狱
2	1990 年	英国完成国有公用事业私有化改革后，社会私人资本起到缓解政府财政压力、提高行业效率的作用
3	1992 年	欧盟各国签订《马斯特里赫特条约》，英国承诺降低财政赤字以促进经济一体化。由此，在面对控制财政支出、改善基础设施的双重压力下，英国政府开始积极考虑将民间资金引入公共建设
4	1993 ~ 1995 年	多数政府部门及民间投资者对公共建设持观望态度。英国财政部迫于情势，于 1993 年成立民间融资小组。民间融资小组于 1995 年 11 月出版系统性介绍 PFI 模式的手册
5	1992 ~ 1997 年	英国 PFI 项目总额约 70 亿英镑，单英法海峡隧道项目就占据 35 亿英镑
6	1997 年	颁布实施《国家卫生服务法案》，使医院成为可与民间机构签订 PFI 协议的合格主体；《地方政府契约法案》公布实施，地方政府获得与民间机构签订 PFI 协议的法定资格
7	2000 年	英国政府牵头成立英国伙伴关系公司，主要从事 PPP 项目管理咨询等业务，协助公共部门和私营部门做好 PPP 项目，为政府公共部门与私人部门搭建了合作平台
8	2010 年	在财政部下成立了英国基础设施投资局（IUK），负责制定英国基础设施领域的政策，并为项目融资和交付管理提供服务等

　　目前，英国是全球 PPP 项目规模最大、涉及领域最广的国家，其 PPP 项目的数量和规模约占全球的 1/3①，典型的 PPP 项目如全球知名的希斯罗机场：1985 年，英国政府决定对希斯罗机场实行 PPP 模式运营，机场由独立于政府之外的英国机场监管机构——航空管理委员会（CAA）监管。在平衡机场和航空公司等各方利益的基础上，CAA 每 5 年根据机场的盈利水平重新制定机场的收入。通过对希斯罗机场按照 PPP 模式改造，既提高了机场运营效率，又盘活了政府存量资产。

---

　　①　数据显示，1987 ~ 2012 年，英国一共批准 730 个 PPP 项目，运营金额 540 亿英镑。

(2) 英国建立了完整的 PPP 法律体系

完整的 PPP 法律体系是 PPP 发展的重要保障，研究发现，英国建立了完整的 PPP 法律体系（见表 7 - 2）。

表 7 - 2　英国 PPP 法律体系

序号	类别	主要内容
1	法律制度层面	英国政府建立了完整的法律、政策、实施和监督框架，例如，1996 ~ 2000 年出台 PFI 技术准则，2003 年出台 PFI 合同标准（第三版），2004 年 8 月出台《物有所值（Value for Money）评估指导》，2007 年出台 PFI 合同标准（第四版）
2	管理机构方面	英国已形成由财政部负责制定政策、合营机关提供私营机构的知识和资源、公私营机构合作署（由地方政府拨款成立的机构）向由地方政府协会委任的董事局问责，并为发展公私营机构合作的地方机关提供支持的三级管理机构，三级管理机构共同负责 PPP 模式运作①
3	评价制度方面	英国政府以稳健的商业计划原则，作为公共领域投资的评估决策标准，并针对不同行业的特点制定单独的评估指南，指导项目评估论证工作。2004 年英国财政部公布了《资金价值评估指南》和《定量评价用户指南》。《资金价值评估指南》是在与公共、私营部门广泛和深入地讨论之后，财政部设计了项目资金价值最大化的程序框架，作为推动公共部门成本比较的重要方法；《定量评价用户指南》为采购当局的政府部门提供了一个数量分析工具，帮助政府部门通过对项目资金价值的评价，做出相关决策。其中，资金价值评价方法即物有所值，通过比较不同方案下的潜在收益，选择能够提供最大资金的价值方案。所谓物有所值（Value for Money），是指一个组织运用其可利用资源所能获得的长期最大利益。物有所值评价是国际上普遍采用的一种评价，传统上由政府提供的公共产品和服务是否可运用政府和社会资本合作模式的评估体系，旨在实现公共资源配置利用效率最优化

---

① 为推广运用 PPP 模式，英国政府成立了专门的 PPP 管理机构，并随着形势变化主要经历了四次变革：一是 1992 年，英国政府在财政部下设 PPP 工作组，主要负责 PPP 相关政策研究制定工作。二是 1997 年，英国政府成立特别任务组，进一步加强 PPP 项目管理和交付。三是 2000 年，英国政府牵头成立英国伙伴关系公司，主要从事 PPP 项目管理咨询等业务，协助公共部门和私营部门做好 PPP 项目，为政府公共部门与私人部门搭建了合作平台。四是 2010 年，在财政部下成立了英国基础设施投资局（IUK），负责制定英国基础设施领域的政策，并为项目融资和交付管理提供服务等。

2. 欧美领跑 PPP 模式发展

2012 年初，英国资深政府市场合作模式（PPP）咨询机构 "PPP 快讯国际" 和 "合作伙伴快讯" 就全球 PPP 市场趋势对 67 家全球性 PPP 公司首席执行官进行了市场调查，并结合德勤在美国、英国、加拿大、澳大利亚、南美洲、印度分部的多名 PPP 专家观点，完成了《2012 年全球 PPP 市场概况》报告。报告显示，发达国家是当前主要的 PPP 市场，原因在于其市场经济成熟，政治承诺和法律环境稳定，项目库丰富、质量高，流程更透明等。而从全球区域看，英国、德国等欧洲国家的 PPP 市场最为发达，规模和管理水平都位居前列，尤其是在基础设施建设领域，包括公路、铁路、桥梁、机场、电厂等方面都取得了丰富的成果。

除英国外，欧美以及日本等发达国家也探索出了完善的 PPP 发展体系和丰富的操作经验（见表 7-3）。

表 7-3　德国、澳大利亚、加拿大、美国、日本等国 PPP 特点

序号	国家	所在国家 PPP 主要特点
1	德国	德国于 2002 年宣布设立德国 PPP 能力中心，同年成立 PPP 公共设施建设工作筹备委员会。2003 年，德国成立 PPP 研究委员会，同年，德国政府就公共建筑的责任问题与各联邦州政府达成协议。2004 年，德国发起了拟定《PPP 加速法案》的提议，同年与各联邦州政府就财政问题达成一致，并成立 PPP 特别工作组，加速了 PPP 能力网络的建设。2005 年《PPP 加速法案》部署实施。至此，德国初步建立了自己的 PPP 研究与能力体系。德国政府对联邦州政府 PPP 的管理是通过竞争法、税法、财会法和统计法等一系列的法律框架机制的组合来实现的，联邦政府设立的 PPP 机构主要职能是向各州政府提供相应的管理技术支持和咨询服务，并不履行主要的监督、审批的管理职能。各联邦州政府则根据与联邦政府签署的财政协议来实现自身基础设施建设和开发的财政管理
2	澳大利亚	澳大利亚在 20 世纪 80 年代开始在基础设施领域应用 PPP 模式。2000 年以来，澳大利亚政府修订和制定了与 PPP 相关的法律，在保障私人部门利益的同时，PPP 项目得到快速的推广。澳大利亚还成立了相关的管理部门——澳大利亚基础设施局（IAU），负责全国各级政府的基础设施建设需求和政策的制定，推广 PPP 也是其重要职能之一

续表

序号	国家	所在国家 PPP 主要特点
3	加拿大	加拿大是国际公认的 PPP 运用最好的国家之一。加拿大各级政府高度重视 PPP，对 PPP 项目的推行和支持力度较大。1991～2013 年，加拿大政府共计启动了 206 个 PPP 项目，项目总金额超过 630 亿美元，占加拿大国内公共服务领域项目的 15%～20%，涉及交通、医疗、环境和住房等多个行业。加拿大 PPP 模式的参与方具有明确的责任界定，顶层设计和管理体制较为健全，有专业机构负责 PPP 项目的审核工作：在责任界定方面，加拿大 PPP 项目具体的运作过程由私人部门全权负责，可以避免由不同社会资本方负责某个阶段导致的不稳定性和推卸责任；在 PPP 项目完工之前，政府没有任何支付责任，PPP 项目建设完成并且达到事先约定的服务标准后，政府会履行支付责任，但支付期限延伸到项目的整个生命周期；在法律顶层设计方面，加拿大各级政府积极制定基础设施规划，不断完善 PPP 项目采购流程。2003 年 5 月加拿大工业部出版《对应公共部门成本——加拿大最佳实践指引》和《PPP 公共部门物有所值评估指引》，成为 PPP 项目的主要依据；在组织保障方面，2008 年加拿大以皇家公司的形式建立了联邦级的 PPP 单位——PPP 加拿大。该机构由加拿大联邦政府所有，但按照商业模式运作，PPP 加拿大通过财政部向国会报告，公司具有独立的董事会。这种形式可以让董事会监测 PPP 单位的运作；在管理体制方面，加拿大在国家层面成立了 PPP 中心（PPP Canada）。加拿大 PPP 中心为加拿大联邦政府所有，实行市场化的商业模式运作，其职责类似于英国的基础设施局（IUK），主要负责 PPP 模式的推广宣传、政策指导与技术援助，同时负责审核联邦级 PPP 项目
4	美国	2012 年前，美国城市管理者实施 PPP 的两个主要原因是：降低费用和减轻财政压力。2012 年后美国城市管理者实施 PPP 的动机转变为：更好的过程、关系培养、更好的结果、撬动资源。美国最著名的四大职业联赛俱乐部（MLB、NBA、NFL、NHL）所拥有的 82 个体育场馆的 31% 是采用 PPP 模式兴建的。此外，在保障房方面，美国通过 PPP 模式，实现保障房的长期可持续发展。到 2008 年，美国已经建造了至少 200 万套这样的住房，超过了前 50 年建造的公共住房数量
5	日本	20 世纪 90 年代以来，日本面临公共服务领域的一系列问题：一是中央、地方政府财政困难；二是随着公共设施的老化，公共设施及公共服务品质逐渐下降；三是地区经济低迷。日本的 PPP 模式借鉴了英国的 PPP 理念，通过市场机制和私人部门的力量来提高公共服务的效率和质量、重建经济，促使公私合作模式在日本逐步兴起

3. 世界各国 PPP 的发展程度

从全球 PPP 发展情况来看，依据世界银行的统计，PPP 模式主要使用在能源、电力、交通、水处理等行业。从总量上看，依据全球 PPP 研究机构 PWF 的统计，从 1985~2011 年，全球基础设施 PPP 名义价值为 7751 亿美元，其中欧洲大约占 45.6%，远超世界其他国家和地区，几乎占据全球半壁江山。亚洲和澳大利亚占 24.2%，墨西哥、拉丁美洲和加勒比海地区三者合计占 11.4%，美国和加拿大分别占 8.8% 和 5.8%，非洲和中东地区占 4.1%。

2007 年德勤提出 PPP 市场成熟度理论，将世界各国的 PPP 发展程度划分为三个主要阶段：一是发展中的 PPP 市场，二是活跃而尚未成熟的 PPP 市场，三是已经高度稳定发展相对成熟的 PPP 市场。

基于不同的国家发展和现状，英国和加拿大的 PPP 法律体系相当健全完备，已处于十分成熟的阶段，其出台了一系列政策。关于英国的 PPP 法律体系上文已述。而依据 2012 年出台的国际合作伙伴公告调查显示，全球五大 PPP 排行前列的最热门市场中：加拿大位于第一，英国位于第五。欧洲市场的名义总投资高达 3533 亿元，领先于排行第二的亚洲和澳大利亚市场（1872 亿元）将近 1700 亿元。中低收入国家则普遍起步较晚，发展不均衡，在发展中存在诸多问题，发展多次遇到瓶颈，缺乏完整规范的法律体制和完善的管理机制，导致 PPP 模式的运行环境较为困难。

世界银行《基础设施 PPP 采购评估报告 2018》（Procuring Infrastructure Public - Private Partnerships Report 2018）在《2017 年 PPP 采购标杆管理》的基础上，对全球 135 个经济体的 PPP 监管体系进行评估，并识别了它们在治理 PPP 采购中的良好实践，旨在帮助政府改进对 PPP 模式的监管，同时帮助私人部门和国际开发机构更好地了解全球 PPP 模式监管概貌，以更好地与政府合作。本报告主要对各经济体 PPP 项目周期的三个阶段进行评估分析：准备阶段、采购阶段以及合同管理阶段。此外，该报告还关注了企业自提建议书（USPs）的管理。全球 PPP 发展呈现以下特征。

（1）各阶段、各地区 PPP 采购治理的表现

世界各地区 PPP 表现差异很大。经济合作与发展组织（经合组织）以及拉丁美洲和加勒比地区的高收入经济体在各项领域的表现得分都处于平均水平或高于平均水平。相比之下，撒哈拉以南非洲地区以及东亚和太平洋地区在各项领域的平均得分最低。

（2）PPP 的监管框架与制度安排

从法律法规来看，大部分经合组织的高收入国家将 PPP 纳入其一般采购法中。欧洲、中亚、拉丁美洲和加勒比地区采用独立 PPP 法律的比例最高。此外，设立 PPP 中心是支持 PPP 发展的普遍趋势，多达 81% 的被评估经济体拥有专门的 PPP 中心[①]。在大多数经济体中，该中心致力于促进和推动 PPP，而在 4% 的经济体中，PPP 中心在发展 PPP 方面发挥着重要作用，并成为主要的（或排他的）采购方。

（3）PPP 准备阶段

在 PPP 的准备阶段，19% 的受访经济体不需要财政部的批准来确保其财政可持续性。只有大约 1/3 的经济体有关于 PPP 会计核算和/或报告的规定，甚至只有更少的经济体引入了关于 PPP 预算处理的监管规定。此外，仅有不到 1/3 的经济体采用了明确的评估方法来确保项目评估的一致性，更为少数的经济体能够在线提供这些评估。

以我国为例。2015 年 5 月，国务院办公厅转发财政部、国家发改委、央行《关于在公共服务领域推广政府和社会资本合作模式的指导意见》，指出在公共服务领域推广政府和社会资本合作模式，有利于完善财政投入和管理方式，提高

---

① 2014 年 5 月，我国财政部成立 PPP 工作领导小组，成员单位包括金融司、经建司、条法司、预算司、国合司、国库司和 PPP 中心。PPP 中心在 PPP 政策制定、宣传培训、统筹引导等方面发挥了重要作用。在地方政府层面，大部分省、市（包括地县两级）均设置 PPP 专门机构，通过学习和实践，用以指导本地 PPP 项目的推广、落地。

财政资金使用效益。在政府和社会资本合作模式下，政府以运营补贴等作为社会资本提供公共服务的对价，以绩效评价结果作为对价支付依据，并纳入预算管理、财政中期规划和政府财务报告，能够在当代人和后代人之间公平地分担公共资金投入，符合代际公平原则，有效弥补当期财政投入不足，有利于减轻当期财政支出压力，平滑年度间财政支出波动，防范和化解政府性债务风险。

为保证政府财政支付能力，国家财政部《关于进一步做好政府和社会资本合作项目示范工作的通知》（财金〔2015〕57 号）规定："示范项目所在地财政部门要认真做好示范项目物有所值定性分析和财政承受能力论证，有效控制政府支付责任，合理确定财政补助金额，每一年度全部 PPP 项目需要从预算中安排的支出责任占一般公共预算支出比例应当不超过 10%。"该《通知》明确了政府支出责任占年度公共预算支出比例的上限，保证了政府财政支付的能力，确保财政资金支持到位和项目的长期安全运行。PPP 项目财政承受能力论证，具有多方面的作用：一方面，10% 的比例杜绝了部分地方政府盲目推广 PPP 易陷入支付不能的财政风险和信用风险，同时也将政府有限的资金用在了"刀刃"上，即那些政府急需发展的基础设施建设项目和公用事业建设项目上，避免了一哄而上。另一方面，财政承受能力论证让政府的财力更为可靠，将保障社会资本的回报，提高社会资本的积极性。

（4）PPP 采购阶段

大多数经济体在采购阶段的表现与公认的良好做法相近，但仍有改进的空间。虽然大多数经济体允许投标人在投标过程中提出需要澄清的问题，但 14% 的经济体并不要求将答案向其他投标人披露。只有大约一半（55%）的经济体举行标前会议，其中他们中的大多数允许披露会议信息。一旦私人合伙人被选中，好的做法是分享中标结果以及中标人被选择的理由。受访的所有经合组织中高收入的经济体都要求披露此类信息，而其他一些地区，在这方面仍有不足。

（5）PPP 合同管理阶段

鉴于 PPP 的长期性，可能会需要进行重新谈判。15% 的经济体没有在其监管框架中涉及 PPP 合同重新谈判。31% 的经济体认为这是一个合同问题，但并未使用标准化的合同来保持一致性。当合同必须在预先约定的期限前终止时，应规定终止的条件及其后果，以减少合同风险，但35%的经济体并未规制这两个问题。

(6) PPP 各阶段信息披露和透明度

在向公众披露信息方面，大多数经济体在采购阶段遵守了国际上的良好做法，但并未在准备阶段和合同管理阶段采取这种披露行为。在被评估的经济体中，他们的通常做法是在网上公布 PPP 公共部门采购通知以及中标通知。只有48%的经济体在采购阶段公布了 PPP 合同，而更少的经济体（30%）会公布任何修正。只有22%的经济体会在线发布 PPP 提案评估报告，60%的经济体会发布 PPP 投标文件。此外，只有1/3 的经济体制定了标准化的 PPP 合同范本。

只有一小部分（13%）的受访经济体允许公众进入相关系统追踪 PPP 项目的建设进度和完工情况，只有10%为此建立了在线平台，只有少数经济体（14%）允许公众通过指定的在线平台或通过其在线发布的更新文件跟踪合同的履行情况。

"一带一路"PPP项目发展参差不齐

从全球视野来看，目前世界各国政府越来越青睐借助PPP模式吸引包括外资在内的社会资本参与本国的基础设施和公共服务项目设计、融资、建造和运营。

调研发现，与英国、德国、加拿大、美国、日本等PPP发展成熟的国家相比，"一带一路"沿线60多个国家PPP发展程度可谓参差不齐：既有中东欧地区PPP模式较为成熟的国家和地区，也有西亚、非洲等PPP发展较为落后的地区。需要指出的是，虽然PPP模式受到包括"一带一路"国家在内的世界各国的重视，但PPP模式仍然只占基础设施建设和公共服务的一小部分。

1. "一带一路"PPP模式特点

研究发现，"一带一路"PPP项目特点明显：一方面，通常情况下，一方合作主体是一国政府，而另一方合作主体是外资社会资本或外资社会资本与项目所在国的社会资本组成的联合体①。以中亚某国一条高速公路PPP项目为例，中国企业参与投资建设和运营，合作主体一方是中亚某国政府，另一方则是中国企业。另一方面，资金是"一带一路"PPP项目的重点考量，而社会资本的资金提

---

① 社会资本不一定来自同一个国家，许多"一带一路"PPP项目是由不同经济体的社会资本组成的联合体投资建设。

供者与社会资本不一定同属一个国家和地区，更多情况下是来自亚洲基础设施投资银行、丝路基金、金砖国家新开发银行等区域性和国际性金融机构的资金支持。

2. PPP 在中国的发展

我国将 PPP 模式定义为政府部门与社会资本在基础设施和公共服务领域建立的一种长期的伙伴关系，其合作方式为特许经营协议。一般学理认为，PPP 在我国的发展历史，经历了以下五个阶段。

第一阶段为改革开放以来，外资大规模进入中国。彼时，一部分外资进入我国公用事业和基础设施领域。代表性的项目有广东深圳沙角 B 电厂 BOT 项目、广州白天鹅饭店和北京国际饭店等，其中深圳沙角 B 电厂被认为是我国真正意义上的第一个 BOT 项目。

第二阶段自 20 世纪 90 年代开始，以 BOT 为代表的 PPP 模式被引入中国电厂等基础设施领域，主要是外商投资特许权项目，最知名的案例为广西来宾 B 电厂。广西来宾 B 电厂为我国第一个国家正式批准的 BOT 试点项目，总投资 6.16 亿美元，项目特许经营期 18 年。

第三阶段为 2003~2008 年，特点为社会资本以国企为主导，BOT 和 TOT 模式较为流行。这一时期产生的知名案例有国家体育场（鸟巢）PPP 项目、北京地铁 4 号线 PPP 项目等。

第四阶段为 2009~2012 年，国家出台四万亿元经济刺激计划，加上地方政府对基础设施和公共服务的投资主要来源于财政收入、土地出让收入和地方融资平台融资，PPP 明显弱化，甚至出现不少正在进行的 PPP 项目被政府终止、社会资本被迫退出的现象。[1]

---

① 据世界银行统计，1990~2012 年，我国共实施了 1065 个基础设施建设 PPP 项目，不仅高于印度、菲律宾等发展中国家，也高于英国等发达国家。

第五阶段自 2013 年开始，我国政府宣布鼓励社会资本参与基础设施建设，重点是铁路和城市基础设施。尤其是自 2014 年以来，我国从中央到地方大力推广 PPP，PPP 在我国的发展呈现速度快、力度大、范围广的特点。PPP 的应用领域也从之前的高速公路等基础设施领域迅速向市政工程、生态建设和环境保护、医疗、养老、文化等领域拓展，现已覆盖到 19 个一级行业。[1]

财政部 PPP 中心公布的 2017 年度全国 PPP 项目信息情况报告显示，截至 2017 年 12 月末，全国 PPP 综合信息平台收录到管理库和储备清单的 PPP 项目共有 14424 个，总投资额为 18.2 万亿元人民币。其中，管理库项目 7137 个，储备清单项目 7287 个。

---

[1] 2015 年 5 月，国务院办公厅转发了财政部、国家发展改革委、中国人民银行联合制定的《关于在公共服务领域推广政府和社会资本合作模式指导意见》（国办发〔2015〕42 号），PPP 共包括能源、交通运输、水利建设、生态建设和环境保护、市政工程、片区开发、农业、林业、科技、保障性安居工程、旅游、医疗卫生、养老、教育、文化、体育、社会保障、政府基础设施和其他，共 19 个行业。

欧美国家 PPP 项目的成功经验

他山之石，可以攻玉。

PPP 模式在资金、技术、风险共担以及推动经济发展等方面的优势越发凸显，日益受到发达国家的重视。而发达国家在 PPP 模式方面的发展情况和运作机制，对"一带一路"沿线国家有着重要的借鉴意义。从发达国家的成熟经验来看，"一带一路"沿线国家尤其是发展中国家需要在以下方面学习借鉴，以提高"一带一路"沿线国家 PPP 方面的综合实力。

1. 完善的 PPP 法律政策制度体系

科学推广 PPP，需要一套清晰、完整的法律政策制度体系。

放眼海外，欧美发达国家在 PPP 模式发展方面的经验，值得"一带一路"沿线国家尤其是发展中国家借鉴。不仅如此，对包括中国企业在内的社会资本开拓"一带一路"PPP 市场也大有裨益。

目前，发达国家尤其是欧美发达国家 PPP 法律政策制度体系健全、政策透明度高，PPP 项目运作较为规范，已有不少国家和地区对 PPP 模式专门立法，比如欧洲的英国、德国、法国、葡萄牙、希腊，美洲的加拿大、美国的 18 个州，以及亚洲的日本、韩国等。

相对于英国、德国、加拿大等 PPP 市场发达国家，"一带一路"沿线许多发展中国家的 PPP 还处于起步阶段，相应的 PPP 法律法规还不够健全，很容易出现法律政策方面的风险，这让社会资本十分谨慎。

作为世界上较早开发并采用 PPP 模式的国家，英国有着丰富的实践经验和理论制度储备。从英国的做法来看，"一带一路"沿线国家在基础设施及公共服务领域推广运用 PPP 模式，要在机构设置、政策保障、技术支持、公共监管等方面做好制度设计，并在实践中不断进行提炼和总结，形成一套有效促进本国 PPP 发展的制度体系。

2. 政府支持非常重要

在 PPP 模式下，政府的角色多元，既是合同的当事方，又为 PPP 项目运作提供政治和法律环境，为 PPP 项目提供财政、税收、资金等方面的支持。政府需要从保护和促进公共利益的立场出发，负责项目的总体策划、组织招标，降低项目的总体风险等。地方财政部门要紧密结合实际，积极推动构建有利于鼓励和引导社会资本参与 PPP 项目建设的制度环境，调动社会资本的积极性。

以英国为例。在融资支持方面，英国政府采取了多种措施为 PPP 项目提供融资支持：一是成立养老金投资平台，英国 10 只主要养老金作为平台的初始投资者。二是成立保险公司基础设施投资论坛，为英国保险协会成员提供专门途径沟通基础设施政策，增加保险基金的投资机会。三是吸引鼓励外资参与基础设施建设。英国基础设施投资局与英国贸易投资署合作，为外资提供专门知识，帮助外资与国际开发商、中介机构和监管机构建立联系，从而更好地吸引外资。四是提出英国担保计划，为基础设施投资提供担保。2012 年，英国通过《基础设施（金融支持）法案》，在 2016 年 12 月 31 日前，对符合具有国家重要意义、1 年内可以开工等标准的项目，由政府提供还款担保，担保规模不超过 400 亿英镑。五是提出临时合作贷款，该贷款项目是英国担保计划的一部分，于 2012 年 7 月开始，主要帮助 PPP 项目，由政府联合私营部门按商业条件对项目进行贷款。六是鼓励利用英国绿色投资银行、欧洲投资银行、欧盟 2020 项目债券计划为基础设施建设提供资金。其中，英国绿色投资银行是由英国政府设立的唯一一家政策性银行，成立于 2010 年，政府提供 40 亿英镑作为资本，为海上风电、废物处理等绿色项目提供债权和股权融资。[①] 通过各种有力的融资支持手段，英国的 PPP 获得了长足的发展。

3. 专业化的 **PPP** 机构和 **PPP** 人才队伍

PPP 模式的运作涉及技术、建设、管理、金融、财务等多个领域，需要比较复杂的法律、管理、金融和财务等方面的专业知识，这样才能处理运作好 PPP 项目中遇到的各种问题和风险，克服困难和障碍。"一带一路"沿线国家经济、法律、金融等政策都不一样，因此风险因素更多。

无论对政府还是社会资本而言，都需要建立专业化的 PPP 机构和 PPP 人才队伍。

如上所述，2000 年，英国政府成立了合作伙伴关系组织，为 PPP 交易提供程序和管理上的技术援助。英国政府还把合作伙伴关系组织与财政部的 PPP 政策小组合并，创立了"英国基础设施投资局"（IUK）。作为英国财政部的基础设施融资机构，IUK 为中央政府部委以及其他公共实体提供各领域 PPP 的技术援助，负责执行全国的基础设施发展战略，为社会资本投资基础设施提供各种便利。在地方政府，2009 年英国财政部与地方政府协会联合成立了一个 PPP 单位，主要为地方政府提供 PPP 项目技术援助和评估服务；2000 年，澳大利亚维多利亚州建立了地方性的 PPP 单位。2008 年，澳大利亚创立全国层次的 PPP 单位，即澳基础设施（IAU）。IAU 面向基础设施领域，负责全国各级政府基础设施建设需

---

① 资料显示，为鼓励更多社会资本投资于绿色环保项目，2012 年 10 月，英国政府投资成立了全球首家"绿色投资银行"。英国绿色投资银行的宗旨是引进和鼓励更多私有资本投入到绿色经济领域，从而促进英国的绿色经济转型。英国绿色投资银行成立仅两年，其绿色投资减少的温室气体等同于 160 万辆汽车尾气排放量，减少了 150 吨废弃物，创造的可再生电力可供 310 万个家庭使用。

求和政策。IAU 核心职能是推广 PPP，同时承担其他一些工作。2003 年以来，美国已有 7 个州建立了 PPP 单位，主要功能是制定政策和业务咨询，促进美国 PPP 的发展。美国一些学者建议尽快成立联邦一级的 PPP 单位，提高美国 PPP 的应用和发展能力。

此外，在一些 PPP 比较发达的国家，对基础设施和公共服务领域的研究相当重视，而且拥有丰富的研究成果和一大批在国际上都有影响的智库机构和学者。2009 年，欧盟整合欧洲投资银行、欧盟委员会以及欧盟成员国和候选国的力量，成立了欧洲 PPP 专家中心（European PPP Expertise Centre，EPEC）。EPEC 拥有 37 个成员，汇集了欧洲 PPP 领域的高级专家，致力于分享 PPP 领域的经验，为欧盟公共部门运用 PPP 提供技术援助。在亚洲的日本，有着比较系统的 PPP 机构，如 PPP 推进委员会、PPP 协会、东洋大学 PPP 研究中心、亚洲 PPP 政策研究会、地方自治体公私合作研究会。这些机构和组织对政府发展 PPP 提供政策建议，有力地促进了本国和区域 PPP 的发展。

4. 科学的激励约束机制

科学的激励约束机制是促进 PPP 快速发展的保障。以我国为例，自 20 世纪 90 年代以来，我国在基础设施领域一直在积极探索 PPP 模式，由于法律法规缺位和制度建设尤其是激励机制滞后，阻碍了 PPP 项目的快速落地。

必要的奖惩机制能刺激社会资本提供符合要求的产品或服务。以英国为例，英国财政部曾对运行的 500 多个 PPP 项目进行调查。数据显示，当项目提供的服务不能满足合同要求的标准而受到支付削减的惩罚后，几乎所有受惩罚的项目随后提供的服务都达到了合同要求，72% 的受惩罚项目甚至在受罚后，提供比合同要求更好的服务。

再以澳大利亚为例，澳大利亚政府强调 PPP 项目全流程的绩效监管体系，通过产出和结果的绩效评估要求，促使社会资本确保所提供的产品或服务的质量并提高效率。具体而言，社会资本负责项目质量管理，制订管理计划，收集监管数据，编写监管报告；政府部门负责对项目质量管理的审查，制定技术标准，审查社会资本的管理计划和监管报告，审计财务，实施评估和奖惩；第三方负责独立审计、数据收集和争议处理。澳大利亚 PPP 项目全流程的绩效监管体系中，第三方监督评估作用重要。

第八章

中国企业如何投资建设"一带一路"PPP 项目

中国企业如何投资建设
"一带一路" PPP 项目

近年来，在"一带一路"倡议推动下，中国企业积极开拓"一带一路"市场，取得了显著的成绩。然而，鉴于"一带一路"沿线国家和地区自然、法律、文化风俗的复杂性，存在着方方面面的风险，再加上中国企业"走出去"的时间并不长，中国企业需要从以下五个方面入手，才能更好地开拓"一带一路"市场。

1. 严格调研 "一带一路" PPP 项目可行性

政府借助社会资本的力量从事基础设施和公共服务事业，既减轻政府的财政压力，提高项目的建设运营效率，又让广大公众提前享受到优质的公共服务，最终实现多方"共赢"。然而，PPP 模式复杂程度较高，涉及的风险因素多，与政府信用、项目所在国法律制度体系、项目可融资性等密切相关，社会资本忽视任何问题都可能给项目带来巨大的隐患，从而造成巨大的投资损失。因此，中国企业在开展"一带一路"PPP 项目时，一定要扎实做好前期的基础工作，重点是对"一带一路"沿线国家和地区的经济发展水平、政治法律环境、人文风俗等实际情况做深入的调研，再组织专业人员或借助第三方机构的力量进行科学的可行性研究，科学决策 PPP 项目的可行性。

所谓"磨刀不误砍柴工"，中国企业投资"一带一路"PPP 项目，面对的是全新的投资环境：政治环境、经济环境、法律环境、自然环境、人文环境等。这些环境因素与国内相比区别极大，有的甚至是天壤之别。因此，为了确保投资的安全性，中国企业不要贸然进入一个新的国家、新的行业、新的项目，绝不打无准备之仗，事前应该做好周密的策划，用充足的时间对与项目有关的重点内容进行精心的研究。

具体来说，中国企业要研究"一带一路"倡议涉及的国家、投资方向、重点行业，以及 PPP 模式在目的国实施的可行性，重点是项目所在国的经济情况、经济政策、金融政策、财政政策，以及中国政府对于项目所在国经济、金融等方面的支持政策等。中国企业一定要深入分析 PPP 项目东道国的产业经济特点，比如经济结构、重点产业、人口结构、公共服务需求等内容，以降低 PPP 项目的市场需求风险。[①] 在"一带一路"PPP 项目诸多风险中，法律和政策变更风险尤其值得社会资本警惕，主要表现在由于"一带一路"沿线国家颁布、修订、重新诠释法律而导致原有的 PPP 项目的合法性及合同的有效性发生变化，给国内和国际社会资本的投资回报带来不利影响，比如项目不能正常建设或运营，严重的情况直接导致项目终止和失败。中国企业投资建设"一带一路"PPP 项目一定要充分了解、掌握东道国的 PPP 法律和政策导向，这有助于中国企业全面把握东道国的 PPP 发展趋势，从而结合 PPP 项目实际情况，规避投资风险。

这里需要重点指出的是，中国企业海外工程经验不够丰富，千万不能被项目外表情况所迷惑而不去调研项目背后的风险，有时海面看似风平浪静，实则海底下潜流暗涌，而项目背后的深层次风险才是最大的风险。中国企业往往容易犯的一个错误是凭经验办事，这样的话极易仓促上马工程。而国际合作讲的是规则，按合同和规则办事。一旦签订 PPP 合同，项目在建设和运营过程中出现之前未调研、预测的风险，社会资本将悔之晚矣，这方面中国企业的教训很多。

---

① 以部分人口红利明显的"一带一路"国家为例，在这些国家投资公路、铁路等交通运输类 PPP 项目，就远比在欧美等人口老龄化严重的地区风险小得多。

2. 扎实做好 PPP 项目前期准备工作

在对"一带一路"PPP 项目所在国的政治环境、经济环境、法律环境、自然环境和人文风俗进行充分、深入的调研后，中国企业一旦确定要投资建设某个 PPP 项目，接下来就要做大量的前期准备工作，包括对工程技术、财务、融资、合同法律、运营、各类风险等进行可行性研究，还包括对项目现场进行踏勘、投融资、与 PPP 项目所在国进行深入的商业谈判、签订 PPP 合同等。

在 PPP 项目前期准备工作中，投融资是一项重要的工作，也是开展 PPP 项目最为重要的环节之一。中国企业（包括中国企业参与的项目联合体）应依据 PPP 项目所在国的法规政策，从中资金融机构、项目所在国金融机构和其他国际金融机构中选择。通常考虑的因素有：采用目的国本币还是外币融资，采用市场化融资还是目的国政策性融资，采用公司融资还是项目融资等。

3. 强化海外工程要质量意识

(1) 工程质量和付费按"约"执行

众所周知，海外工程通常有一年质保期，在质保期内，业主压着承包商最高 10% 的质保金。需要指出的是，承包商没必要担心业主吹毛求疵而刻意提高成本超过工程质量，比如工程实际使用的混凝土比合同中要求的标号高，业主也只会按原低标号的混凝土价格向承包商支付。海外工程的一个原则是，一切按"约"执行：作为承包商，在按合同约定保质保量完成工程项目的情况下，有依约获得工程款项的权利；而作为业主，在支付工程款项后，有得到约定质量的工程的权利。

（2）不得偷工减料

在海外施工，偷工减料这种行为成本很高，绝对不可取：一方面，这涉及企业最起码的商业道德，会给企业形象带来严重的负面影响，最严重的情况是使企业积累多年的信誉毁于一旦，这方面的教训不胜枚举；另一方面，偷工减料不但难以降低成本，反而会引来许多麻烦，给企业造成更大的损失。

4. 树立严格的契约意识

中国企业要"走出去"，开拓"一带一路"市场，首先要转变观念，牢固树立契约意识，也就是按合同办事的观念。因为只有按合同办事，才是管控各类风险、降低损失的最有效途径。以中铁六局集团为例，据介绍，集团在境外市场有十余年的大型项目管理经验，先后中标越南通号现代化改造、越南河内轻轨 2 号线和援津巴布韦医院二期总承包等项目。尤其是越南河内轻轨 2 号线（吉灵—河东线轻轨）EPC 总承包项目，作为越南第一条开工建设的城市轨道交通项目，备受中越各方高度关注，项目采用中国标准、中国技术、中国装备和中国贷款，被称为"中越两国政府合作的示范性工程"，项目总投资额 6.44 亿美元。其中，法律风险防范作为该项目的一项重要内容，公司启动了全面、系统的法律风险识别、防范工作，力求规范企业境外经营行为，促进企业合理有序地开展境外经营活动，推动境外经营持续健康地发展，在过程中取得了较好的实效。

我国承包商承建国际工程项目历史较长。2006 年以前，我国承包商多以设计—招标—建设（DBB）模式为主，此后迅速升级为设计—采购—施工（EPC）模式。在国家金融资本的支持下，EPC＋协助融资模式逐渐成为主流，特别是在 2009 年以后，随着我国工程企业经验和管理标准的提升，以 EPC＋协助融资＋承包商入股、BOT 和 PPP 为基本项目类型的投融资项目逐渐增加，并呈现出从东南亚区域向非洲、中南美洲区域扩展的趋势。

需要强调的是，海外工程项目合同不能随意签，"走出去"的中国企业一定要重视海外工程项目合同的严肃性。作为中国工程承包商，对海外工程项目合同一定要特别慎重，即使不承包这项工程，也不要随意签订合同。因为合同一旦签订，就必须认真执行，即使明知工程项目赔本，承包商也必须按合同办事。中国现在是国际仲裁强迫执行委员会的会员国之一，如果签约后承包商不执行合同，业主可以提交仲裁，仲裁后中国政府要强迫承包商执行，因为你是成员国的承包商。

5. 充分利用双边或者多边投资保护协定

为了保护自身的合法权益，走向"一带一路"的中国企业需要重点考虑或者利用双边或者多边投资保护协定。

公开资料显示，截至 2016 年底，我国已经与 129 个国家签订了双边投资保护协定，其中与 53 个"一带一路"沿线国家签署了双边投资协定，与 54 个沿线国家签署了避免双重征税协定，并积极商签标准化合作协议、签证便利化协议等各类合作文件，促进资本、技术、人员等要素有序流动和优化配置，降低企业制度性交易成本，共同为企业开展产能和投资合作营造良好的政策环境。与此同时，中国政府坚持共商、共建、共享原则，与沿线国家共同应对各类风险挑战，加大领事保护力度，推进双边执法合作，有力地保障企业和公民合法权益。

"一带一路" PPP 项目发展路径

在全球经济增长乏力的大背景下，世界各国都在想方设法拉动本国经济增长，"一带一路"沿线国家也不例外。越来越多的"一带一路"沿线国家将基础设施建设作为拉动经济增长的重要动力，因此 PPP 模式的应用也越来越广泛。那么，怎样才能更好地发展"一带一路" PPP 呢？

1. 提高国际国内私人资本投资"一带一路" PPP 项目的积极性

从全球范围来看，吸引国内和国际私人资本参与本国基础设施建设和公共服务项目是政府的重要目的。作为一种舶来品，PPP 的发源地是英国，其英文是 Public – Private – Partnerships，其中 Private 便指的是私人资本。鉴于我国经济发展实际，PPP 进入我国后，Private 指的是社会资本，既包括民间资本在内的私人资本，也包括央企、地方国企、外资和混合所有制企业。

"一带一路" PPP 项目建设最重要的因素之一便是资金问题，社会资本和为社会资本提供资金的机构不一定同属一个国家和地区，更多情况下是来自世界各地的社会资本和为社会资本提供资金支持的各类国际性和区域性金融机构如世界银行、亚行、亚投行、丝路基金、金砖国家新开发银行和上合组织开发银行等。建议认为，为了提高"一带一路" PPP 项目对于国际国内私人资本的吸引力，就必须大胆进行金融创新：一是大力实施跨境基础设施资产证券化，以跨境基础设施 PPP 项目收益权尤其是高速公路、高铁、市政工程等现金流稳定的 PPP 项目作为基础资产发行债券融资，提高 PPP 项目资产的流动性，为国际国内私人资本提供一条退出通道，提高国际国内私人资本投资"一带一路" PPP 项目的积极性；二是建立"一带一路"跨境基础设施证券交易所，目的是为国际私人资本参与"一带一路"跨境基础设施投资提供平台。此外，"一带一路"沿线国家政府和相关国际机构要充分发挥亚洲基础设施投资银行、丝路基金、金砖国家新开发银行、上合组织开发银行等金融机构的先导作用，精心设计具有稳定现金流和盈利性的 PPP 项目。

2. 提高"一带一路"沿线国家的国际协调能力

"一带一路"旨在借用古代丝绸之路的历史符号，高举和平发展的旗帜，积极发展与沿线国家的经济合作伙伴关系，共同打造政治互信、经济融合、文化包容的利益共同体、命运共同体和责任共同体。"一带一路"倡议构想的主要着力点是包括公路、铁路、机场等在内的基础设施，这些基础设施的互联互通既对接沿线各国发展战略，也实现了区域联动发展和共同繁荣。

亚洲开发银行的研究报告认为，要实现亚洲地区的基础设施互联互通，首要任务是完善和整合现有的次区域发展计划。其中，要共建跨越多国的基础设施项目就需要各方在经贸合作、投资洽谈、项目设计、行业标准等方面形成共识，要求各国具备较强的协调沟通能力，需要构建有效的多边协调机构和透明的区域联合监管框架。

2017 年 5 月，在"一带一路"国际合作高峰论坛期间，国家发改委与联合国欧洲经济委员会就"一带一路" PPP 合作签署了《谅解备忘录》，就帮助"一带一路"沿线的联合国欧洲经济委员会成员国建立健全 PPP 法律制度和框架体系、筛选 PPP 项目典型案例、建立"一带一路" PPP 国际专家库、建立"一带一路" PPP 对话机制四个方面做了具体约定。为实现跨区域合作，"一带一路"沿线各个国家和地区需要制定详细的基础设施投资计划或重点项目清单,建立 PPP 项目库,其目的是实现"一带一路"PPP 项目可持续发展。以我国为例,2017 年 3 月,国家发展改革委印发了《关于请报送"一带一路"PPP 项目典型案例的通知》,征集我国 2013 年以来促进"一带一路"沿线国家经济发展、社会进步、民生改善的基础设施和公共事业 PPP 项目。截至2017 年 5 月,国家发改委共收到来自央企和地方申报的项目 44 个。通过对这些"一带一路"PPP 项目的深度研究、总结分析、归纳整理,既是对此前我国企业投资"一带一路"PPP 项目的经验总结,也为未来我国企业更好地投资沿线国家 PPP 项目、更好地与沿线国家政府和企业开展合作奠定了坚实的基础。

3. 完善"一带一路"国家 PPP 投资环境

无论是国内社会资本还是国际社会资本,都对投资建设"一带一路"PPP项目的区域环境相当重视。从实践来看,当前 PPP 模式的运用还受到"一带一路"沿线国家投资环境不理想、PPP 理念不深入等方面的制约。因此,当务之急是从完善"一带一路"沿线国家 PPP 投资环境入手,比如加快构建沿线国家的 PPP 法律制度体系、完善诚信经营的环境、厘清政府与市场的边界等。

PPP 国别环境评估标准为社会资本投资"一带一路"PPP 项目提供了重要的参考和依据。

据了解,经济学人智库针对 PPP 国别环境设定了六大评估维度,包括法律监管框架、制度框架、运作成熟度、投资环境、金融工具和地方调节,其中每个维度分解成 1 ~ 4 个具体评价内容,每个内容按照 0 ~ 4 分的打分标准计算。最终六大维度根据 25%、20%、15%、15%、15%、10% 的权重统计核算(见表 8 - 1)。

表 8 – 1　PPP 国别环境六大评估维度评估标准

序号	评估维度	评估标准
1	法律监管框架	主要涉及 PPP 法律制度与 PPP 项目的一致性、国家法律法规是否明确规范了 PPP 项目的实施内容并建立了相应的监督机制、是否设置了 PPP 项目法律变更的补偿机制、PPP 项目的实施是否经过物有所值评价、是否建立了公开透明的 PPP 采购流程、PPP 项目是否设有公平的争议解决机制等
2	制度框架	主要涉及是否在国家层面建立了对 PPP 规划和监管的部门、是否制定了 PPP 项目实施的标准、PPP 司法制度是否具有执行力
3	运作成熟度	主要涉及 PPP 部门是否具有项目规划、设计、评估的能力、PPP 实施方案是否具备可行性
4	投资环境	主要涉及政治动乱是否影响到 PPP 项目的正常经营、国家商业环境对基础设施项目的影响等
5	金融工具	主要涉及政府方对 PPP 合同的履约性、国家资本市场的发达程度、基础设施融资资金来源、国家借贷市场的流动性等
6	地方执行	主要涉及 PPP 项目特许经营是否能够在国家与地方层面有效实施

　　而根据经济学人智库 2012 ~ 2014 年的评分结果，针对"一带一路"沿线 35 个国家按照区域分布，PPP 国别环境主要内容为：一是东盟和东亚五国（印度尼西亚、泰国、越南、菲律宾、蒙古国）均处于中上水平；二是南亚三国（印度、巴基斯坦、孟加拉国）中，印度在六大维度上得分较为平均，市场成熟度高，运作规范；三是中亚三国（哈萨克斯坦、塔吉克斯坦、吉尔吉斯斯坦）PPP 宏观环境不尽完备；四是独联体中除俄罗斯 PPP 环境发展相对均衡外，其余国家普遍存在 PPP 宏观环境薄弱的问题，在法律制度建设方面明显不足，市场成熟度不高；五是中东欧 15 国（波兰、立陶宛、爱沙尼亚、拉脱维亚、斯洛伐克、匈牙利、斯洛文尼亚、克罗地亚、波黑、黑山、塞尔维亚、阿尔巴尼亚、罗马尼亚、保加利亚和马其顿）制度层面的 PPP 宏观环境普遍较好。但在 PPP 项目的运作成熟度方面，除匈牙利得分超过 60 分以外，其余国家分值均在 40 分以下。分析认为，PPP 宏观环境尤其是市场成熟度与一国的 PPP 发展规模息息相关（PPP 项目数量多、规模大的国家运作成熟度也高）。

　　需要说明的是，中国企业在投资"一带一路"PPP 项目时，不能唯上述经济学人智库的综合评分是从，还要参照中国与 PPP 项目东道国的双边关系、东道国缔结的国际条约等多方因素综合全面评定其 PPP 国别环境，从而更好地指导自己投资建设"一带一路"PPP 项目。

4. 合作各方要以"共赢"为目标

"一带一路"基础设施建设既关系到沿线国家和地区的经济社会发展，也与全球基础设施体系整体运行密切相关。

PPP 模式下，政府与社会资本关注的角度往往并不一致，双方在磋商过程中并不在一个"频率"上：政府关注更多的是自身财政压力和支付风险，还有社会公众利益，因此政府希望"社会资本投资回报率越低越好""社会公共利益越高越好"。社会资本关注更多的是自身投资风险，希望投资风险"越低越好"，投资回报率"越高越好"。

事实上，PPP 模式下，政府与社会资本并非只能是零和博弈，而应该以追求"双赢"为目标，甚至包括政府、社会资本、金融机构、社会公众、中介机构等各方"共赢"。

"一带一路"倡议的核心在于"合作"，追求"和平发展、互利共赢"。分析认为，需要沿线政府和社会资本在合作时站在对方的角度考虑，平衡各方利益，既让沿线国家经济得到发展、当地居民福利得到改善，又让社会资本获得投资收益，这样才能保障各方持续合作，"一带一路"实现可持续发展。

提高中国企业开拓"一带一路"
PPP 项目软实力

中国企业与"一带一路"沿线国家密切深入合作，一定要高度关注和防范各种风险，重点是加强企业管控，提高开拓"一带一路"PPP 项目的软实力。

1. 加强企业管控和法治文化建设

如上所述，"一带一路"沿线国家多达 60 多个，经济发展水平、法制建设水平都参差不齐，文化风俗差异很大。

此前中国企业在开拓海外市场的过程中，常因融入当地社区不足、对当地文化风俗了解不充分、缺乏与当地民众和媒体沟通，引发冲突甚至项目停滞，导致投资受损，企业形象也受到很大损失。2015 年 3 月，国家发改委、外交部、商务部联合发布的《推动共建丝绸之路经济带和 21 世纪海上丝绸之路的愿景与行动》指出，传承和弘扬丝绸之路友好合作精神，广泛开展文化交流、学术往来、人才交流合作、媒体合作、青年和妇女交往、志愿者服务等，为深化双多边合作奠定坚实的民意基础。调查显示，在未来发展方面，国外受访者希望中国企业进一步加深对当地文化、历史和消费者的了解，主动融入当地社会和当地文化。

作为"走出去"时间并不长的中国企业，要保障自己的合法权益，一定要重视加强相关法律和文化建设，提高与项目所在国政府、相关企业和民众的沟通交流能力，提升在技术、管理方面的"硬"实力和法治、文化方面的"软"实力，从而赢得项目所在国政府和社会公众的认可，为项目的顺利推进奠定坚实的基础。

2. 大力实施本土化战略

中国企业投资"一带一路"PPP项目，即使资金雄厚、技术先进，当面对全新的投资环境时，也不能固守老一套的经验。否则，旧有的经验不仅不会帮助自己成功开拓市场，反而会成为开拓市场的"绊脚石"，这方面的教训不胜枚举。建议认为，中国企业需要在原有优势的基础上，大力实施本土化战略。

（1）中国企业与项目所在国企业开展密切合作

PPP模式中，社会资本既可以是单一的企业，也可以是企业之间组成的联合体。对投资建设"一带一路"PPP项目的中国企业而言，最好的方式是与项目所在国政府代表企业或者项目所在国企业共同组成联合体成员，这样做的目的主要有两个：一是既发挥联合体成员的各方优势，例如，项目所在国企业更为熟悉当地的政治、经济、法律和人文风俗，有着丰富的资源和项目经验，而这方面中国企业是远远不能相比的，也是无法单纯依靠资金、技术和管理经验所能弥补的。这样项目建设和运营过程中沟通更为方便，沟通成本更低。二是大大降低了中国企业自身的投资、建设和运营风险。

（2）聘请项目所在地的技术人员和工人

"一带一路"PPP项目建设和运营需要大量技术人员和产业工人。对中国企业而言，如果完全聘用国内技术人员和工人，在同样的文化环境里，管理上可能更为熟悉和得心应手，但也存在明显的不足：一是国内技术人员和工人面临水土不服的问题，二是用工成本高。此外，项目东道国政府大多需要解决劳动力就业问题，项目建设和运营过程中完全不用当地人员既不符合东道国政府意愿，也不现实。事实上，项目东道国的技术和劳动人员最为熟悉当地的自然环境、工作模式和社会民族习惯，如果项目团队进行一定数量的所在国人员配比，可以在最短的时间内解决本国技术人员和工人水土不服的问题，发挥当地技术人员和工人的优势，为项目提供有力的支持。更为重要的是，由于能够解决本地劳动力就业，项目更能获得当地政府和社会公众的支持。

3. 强化中国企业社会责任

强化企业社会责任无疑是提升企业品牌形象的重要举措。上述《推动共建丝绸之路经济带和 21 世纪海上丝绸之路的愿景与行动》指出，在投资贸易中突出生态文明理念，加强生态环境、生物多样性和应对气候变化合作，共建绿色丝绸之路。"促进企业按属地化原则经营管理，积极帮助当地发展经济、增加就业、改善民生，主动承担社会责任，严格保护生物多样性和生态环境。"亚洲基础设施投资银行、丝路基金、金砖国家新开发银行等金融机构在其纲领和投资指引中也进一步明确、强化企业在"一带一路"建设过程中必须严格履行其公司社会责任。

中国企业的社会责任落实情况直接影响中国与"一带一路"沿线国家的经济交往。以民生项目为例，走向"一带一路"的中国企业不仅要与当地政府合作投资建设大型的基础设施建设项目，更要投资建设一些惠及民生的项目，让当地居民得到实实在在的好处。近年来，有中国企业在"一带一路"沿线国家建设学校、幼儿园、卫生院、通电修路、小型水利设施等援建性项目。这些惠及民生的工程虽然投资规模小，但影响面大，当地政府支持，社会公众作为受益者也十分欢迎。以华新水泥为例，作为中国水泥工业"走出去"的先行者，自落户柬埔寨以来，华新柬埔寨公司在当地做公益、为民众提供大量的就业岗位。此外，"我爱塔吉克"华新基金"百万扶贫行动"每年将为塔吉克斯坦农村提供 20 万索莫尼的资助，持续 5 年，共 100 万索莫尼，旨在改善塔吉克斯坦人民的生存环境和生活条件。2013 年和 2014 年，华新亚湾公司先后被塔国政府评为"2013

年度塔吉克最佳工业企业"和"最有社会责任的企业",提升了中国企业良好的海外形象。2017 年召开的"一带一路"国际合作高峰论坛上,中国做出一系列承诺:向丝路基金新增资金 1000 亿元人民币;在未来 5 年内安排 2500 人次青年科学家来华从事短期科研工作,培训 5000 人次科学技术和管理人员,投入运行 50 家联合实验室;在沿线国家实施 100 个"幸福家园"、100 个"爱心助困"、100 个"康复助医"等项目。

4. 打造"一带一路"PPP 高端人才库

从某种程度上讲,包括"一带一路"在内的全球商业项目的竞争主要是企业尤其是跨国企业之间的竞争。说到底,是人才之间的竞争。在国际 PPP 市场上,PPP 项目的招投标是一个相对成熟的市场,社会资本需要建立一个强大的既熟悉项目所在国法律法规又熟悉国际商务操作惯例的专业团队,以确保 PPP 项目融资安排、风险的合理分配和股权架构的独特设计。

调研发现,在全球商业竞争中,国际化人才不足是中国企业面临的主要问题。显然,中国企业要搭上"一带一路"快车,走出国门,走向全球,迫切需要既懂外语,又懂技术、管理、金融、国际市场和项目所在国文化风俗的国际化人才,这是国际化企业克服"水土不服",避免全球化和本土化冲突的关键。

中国企业在积极实施本土化战略的同时,需要打造"一带一路"PPP 高端人才库,积极培育和促进国内专业研究机构、中介组织(律师事务所、会计师事务所、评估机构、咨询机构等)、智库平台和高校研究中心等,开展与"一带一路"倡议相关的 PPP 科研和咨询服务,为中国企业走向"一带一路"做好专业化的服务和支持。此外,中国企业还要引入大量的国际化复合型海外专业人才,建立 PPP 专业人才库,打造本土化的 PPP 国际经营团队。

据了解,近年来,我国部分专业中介机构和现代智库平台、高等院校、研究中心等都积累了成熟的"一带一路"PPP 业务经验,可以更好地指导中国企业如何拓展"一带一路"PPP 业务。其中,大学与企业间的协同合作是提升我国国家竞争能力的有效方式。目前，我国正着力培养"一带一路"国际化人才队伍，且取得了明显的成果。2016 年 4 月，中共中央办公厅、国务院办公厅印发了《关于做好新时期教育对外开放工作的若干意见》（以下简称《意见》），明确提出要完善教育对外开放布局，加强与大国、周边国家、发展中国家、多边组织的务实合作，充分发挥教育在"一带一路"建设中的重要作用。为落实两办《意见》，2016 年 10 月，教育部召开全国来华留学管理工作会议，突出强调要配合"一带一路"倡议，协助储备沿线国家人才。要支持高校与国家大型企业合作，开展订单培养，为企业"走出去"提供人才支撑。

以国内某大学为例。2016 年底，国内某大学"一带一路"国际人才培养产学联盟正式成立，首批 40 多家企业（集团）组成联盟参与海外留学生培养工作，订单式培养国际人才，校企合作"抱团出海"。联盟将以服务"一带一路"倡议、提升企业国际化能力，提高留学生创新创业能力为目标，通过与盟员单位共同制定培养目标、培养规格、专业教学标准和课程标准，高水平开展订单式国际人才培养。具体来说，联盟将着力做好六方面工作：一是邀请企业介入国际人才培养全过程，提升国际人才的创新创业能力，为企业提供订单式培养的国际人才。二是挖掘国际学生的人脉资源，为学生提供研究国际市场需求、拓展国际市场的机会，推进合作企业向国际市场的稳步扩展。三是搭建联盟内交流、学习的平台，促进相互学习、交流，为企业提供知识和智力支撑，提高企业国际化经营管理水平。四是强化科学管理，用好联盟基金。严格依照基金会章程，发挥各项联盟基金在国际人才培养中的作用。五是建设好"一带一路"国际人才培养产学联盟网站，使之成为联盟和社会各界间快捷的互动平台。六是不断完善联盟的管理体制和运行机制，吸纳更多的大学和企业加入联盟，促进联盟健康发展。某大学"一带一路"国际人才培养产学联盟的成立，对于促进来华留学生事业发展、充分利用国际人才优势、建设创新型国家都有着重要意义，实现了企业、学校、学生三方"共赢"。

附录

中国企业"一带一路"
PPP 项目典型案例

斯里兰卡科伦坡港口城 PPP 项目

斯里兰卡位于印度洋航道中心点，素有"东方十字路口"之美誉。斯里兰卡是海上丝绸之路的重要一环，也是连接亚非、辐射南亚次大陆的重要支点。

2014 年 9 月，由中国交通建设股份有限公司（以下简称"中国交建"）投资并开发的斯里兰卡科伦坡海上港口商业新城（以下简称"本项目"）正式动工。本项目计划填海造地 269 公顷，规划建设规模 565 万平方米，目标是打造南亚地区第一个高端中央商务区，建设一个可以容纳 25 万人的新城，主要包括住宅、酒店、办公楼、商场等配套设施，本项目计划 5～8 年形成初步规模，20～25 年全部建设完成。

本项目由中国交建投资并开发，由中国交建下属的中国港湾科伦坡港口城有限责任公司（以下简称"港口城公司"）实施具体开发运营。本项目采取 BOOT（Build－Own－Operate－Transfer）方式，由斯里兰卡政府负责各种环境、规划和施工许可证，中国交建负责投融资、规划、施工和运营，其中，资金 70% 来自中国国家开发银行的商业贷款。

作为斯里兰卡目前单一最大的外国投资项目，本项目的实施，有力地促进了斯里兰卡基础设施建设，为斯里兰卡带来明显的社会经济效益：一是科伦坡城市将多出 269 公顷土地，占科伦坡市中心面积的 7%，将极大促进城市发展；二是本项目与科伦坡港口、机场、高速公路连接，这里将成为连接东南亚、南亚、中东等地区的重要经济纽带，使斯里兰卡成为印度洋地区重要的经济活动中心之一；三是促进斯里兰卡经济增长，本项目直接投资 14 亿美元，将带动二级开发投资约 130 亿美元；四是本项目建设过程中雇用斯里兰卡员工超过 1000 人，高峰期达到2500人左右,还为斯里兰卡创造了超过8.3万个长期就业岗位;五是本项目主要包括主题公园、游艇码头、酒店、医疗设施、教育设施等,大大提高了当地人的生活质量。

本项目投资规模大、技术水平要求高,是中国企业在南亚和21世纪海上丝绸之路建设的标杆项目,将带动中国资金、技术和管理方式走向世界,提升中国企业的全球影响力。

柬埔寨额勒赛下游水电 PPP 项目

据介绍，柬埔寨是东盟十国中电力开发程度最低的国家之一，也是电价最高的国家。近年来，柬埔寨经济增长保持 7% 以上，由于电力紧缺，制约了国家经济发展。柬官方数据显示，截至 2013 年底，全国仅有一半人口可用上电。为改变这一不利局面，2006 年以来柬埔寨政府大力鼓励电力行业尤其是水电项目投资。在此背景下，中国华电集团公司（以下简称"中国华电"）投资柬埔寨额勒赛下游水电 PPP 项目（以下简称"本项目"）。

本项目位于柬埔寨王国西部国公省，首都金边以西约 180 千米，戈公市以北 20 千米的额勒赛河下游。本项目分上、下两级电站，共安装四台水轮发电机组，总装机 338 兆瓦，年发电量约 11.98 亿千瓦时，总投资约 5.78 亿美元。

本项目社会资本为中国华电下属的中国华电香港有限公司（以下简称"华电香港"）。① 本项目采取 BOT 模式，特许运营期 30 年（不含建设期），由中国进出口银行提供总投资额 70% 的贷款。PPP 项目公司为中国华电额勒赛下游水电项目（柬埔寨）有限公司。本项目于 2010 年 4 月开工建设，2013 年 12 月四台机组全部投产。

---

① 本项目还有多个参与主体，分别为：总承包为中国华电科工集团有限公司；设计为中国水电顾问集团北京勘测设计研究院；主体监理为中国水电顾问集团贵阳勘测设计研究院；主要施工承包商为中国葛洲坝集团有限公司、中国水利水电第八工程局有限公司、中国水利水电第十六工程局有限公司、中国水电建设集团第十五工程局有限公司、贵州送变电工程公司；设备供应商主要分三类，主机由浙江富春江水电设备股份有限公司提供，主变压器由天威保变（合肥）变压器有限公司提供，主阀由湖北洪城通用机械有限公司提供；运营维护为中国华电集团发电运营有限公司。

本项目主要经验有：

一是项目前期策划系统周密，各环节有机衔接。本项目为一个大型水电项目，因此水文资料相当重要。中国华电对设计方案中的水文资料选取的合理性进行了多次专家论证，以确保水文资料的科学性。测量是工程建设项目不可缺少的环节，中国华电除请设计院测量外，还请当地一家有实力的单位进行复测，使本项目更具科学性。此外，本项目从设计方案论证、可研报告审查、两国政府相关手续批复、融资方案确定及落实、项目公司组建、土建工程分标及招标安排、主机设备招标等各环节都做到有机衔接。

二是提前谋划，过程跟踪，确保物资需求。由于柬埔寨经济不发达，国内资源匮乏，因此电站建设所需机电设备全部从国外采购，钢材、水泥等主要原材料从越南、泰国进口，采购难度大、周期长。为保证材料物资供应，控制并节约成本，中国华电提前谋划、过程跟踪，确保工程建设的物资需求，工程进展顺利。

三是积极履行社会责任，融入当地社区。本项目采取本地化用工策略，雇用柬埔寨当地工人累计达到上千名，在当地招聘水电运行维护人员，不断组织其学习培训，帮助柬埔寨人民培养水电专业的管理人才；本项目加强环境保护，项目建设过程中，严格按照柬埔寨政府批准的环境影响评价报告落实环保措施；中国华电向柬埔寨红十字会捐助款项，投入大额资金修建柬埔寨国公省到菩萨省的部分道路，将约45千米进场道路改造成水泥混凝土路面，方便当地人员出行。由于中国华电积极履行社会责任，因此获得当地政府和民众好评，并荣获柬埔寨矿产能源部颁发的"良好社会贡献奖"。

四是做好运营方选择，本项目的运营方为中国华电集团发电运营有限公司，该公司具有运营维护方面的专业能力，其境外运营服务容量常年保持在一万兆瓦左右，业务涉及数十个国家。

本项目是目前柬埔寨已投产的最大的水电项目，对柬埔寨的经济社会发展具有明显的拉动作用：一是为柬埔寨提供了全国年发电量的30%，极大地缓解了柬埔寨用电紧张情况，大大改善了柬埔寨农村地区和偏远地区的用电问题；二是柬埔寨平均居民用电价格大大下降，普通民众用电情况大大改观，民众生活质量大大提高；三是电价降低，柬埔寨的工业产品竞争力得到提高，反过来也增加了工业企业员工收入；四是推动了当地道路等基础设施的建设，促进了地区经济增长，解决了当地人民的就业。

本项目的成功落地，为其他投资"一带一路" PPP 项目的企业提供了有益的参考，具有重要的借鉴意义。

巴基斯坦卡西姆港燃煤电站 PPP 项目

近年来，巴基斯坦电力缺口不断增大，年电力缺口最大 4500 兆~5000 兆瓦，导致巴基斯坦全国很多地区每天停电时间长达 12~16 小时。此外，巴基斯坦全国火电机组发电量中燃气、燃油发电量占到 90% 以上，而低成本的燃煤发电量占比不足 1%。为改变国内电力紧张局面，巴基斯坦政府加大对电力行业投入，鼓励并吸引外资和民间资本投资电力领域。

早在 2013 年，中巴两国就提出了巴基斯坦卡西姆港燃煤电站项目（以下简称"本项目"）的构想，本项目是"中巴经济走廊"排在首位的优先实施项目。

本项目位于巴基斯坦卡拉奇市东南方约 37 千米处卡西姆港口工业园内，紧邻阿拉伯海沿岸滩涂。本项目建设内容包括电站工程、电站配套的卸煤码头及航道工程。[①] 本项目是巴基斯坦目前在建最大单机容量而且是最先进的火电站，年均发电量约 90 亿度。

本项目总投资约 20.85 亿美元，采取 PPP 模式下的 BOO（Build – Own – Operate，建设—拥有—运营）方式合作，合作期限为：建设期 36 个月，商业运行期 30 年。本项目实施主体为巴基斯坦私营电力基础设施委员会，社会资本为中国电建，项目公司为卡西姆港发电项目公司，由卡西姆港能源（迪拜）投资有限公司全资设立，后者由中国电建海外投资公司（股比 51%）和卡塔尔 Al – Mirqab Capital 公

---

① 电站设计安装 2 台 660 兆瓦超临界燃煤机组，总装机容量为 132 万千瓦；在厂区南侧临海侧配套新建离岸式 7 万吨煤炭卸船码头 1 座，泊位长度为 320 米，新建航道长约 4 千米，航道设计宽度为 150 米，设计底标高为 –12.5 米，码头设计长度为 280 米，总宽度为 23 米，码头西侧布置 1 座引桥与厂区陆域相连接，引桥宽度 12 米。

司（股比 49%）共同出资设立。融资安排方面，本项目由中国进出口银行提供贷款，贷款额占总投资的 74.58%。此外，本项目的使用者为巴基斯坦国家输配电公司，项目公司与巴基斯坦国家输配电公司签署《购电协议》。巴国家电力监管局已批准本项目电价为 8.12 美分，有效期 30 年。中国电建负责整个项目的规划、设计、采购、施工与运营。

调研发现，本项目积累了诸多经验：一是社会资本"抱团出海"，利用全产业链优势集群式"走出去"。为保障本项目的建设和运营，发挥各方优势，中国电建以投资为先导，带动海外 EPC 业务发展，通过招标实现电建集团旗下 11 个子企业参与项目建设和运营，有效发挥了业主、设计、监理、施工、运营"五位一体"的平台引领作用和全产业链一体化集成优势。[①] 二是坚持本土化战略，例如，提高外籍员工和管理人员比例，大力培养当地员工，尊重当地风俗习惯和宗教信仰，等等。本项目建设期将为当地提供超过 2000 个就业岗位，运营期每年为当地提供 500 个培训与就业岗位。三是严格风险管理[②]，社会资本采取有针对性的应对措施，比如规避政治风险，积极与中国出口信用保险公司沟通（以下简称中信保），争取利用国家政策性金融机构规避项目的主要风险，由巴政府对项目的购电协议提供主权担保，中信保对汇兑限制、征收、战争暴乱、违约进行承保风险，保险范围涵盖了项目大部分政治风险源及风险事件；又如规避电费拖欠风险，巴方为本项目开立电费支付准备金账户，并按期将每月不少于电费 22% 的资金转入该账户，以保证协议所列项目自发电之日起产生的电费能够足额支付；再如规避税收法律风险，在项目签署购电协议、实施协议、工程承包合同等主要协议之前，聘请国际知名的事务所进行税务咨询和筹划，确保在投资经济评价中完全涵盖相关税收成本，保证项目实际投资回报率与预期相符。此外，在环

---

① 中国电建集团旗下子企业获得承包和监理合同额合计 13.71 亿美元，占总投资 20.85 亿美元的 66%。

② 经过评估和综合分析，本项目存在诸多风险：一是政治风险。根据中国出口信用保险公司发布的《国家风险分析报告》，巴基斯坦国家评级为 7 级，区域风险中等偏高，市场环境总体欠佳。二是电费拖欠风险。巴基斯坦政府长年深受"三角债"问题困扰，不得不长期拖欠发电企业电费。三是融资风险。本项目 70% 的资金需要融资，融资期限长达十多年，存在利率变化、汇率波动等风险。四是税收和法律风险。巴基斯坦与我国法律体制和税收政策存在差异。五是安全风险。本项目所在地恐怖势力、极端宗教势力、非法武装组织长期活跃，地区安全形势不容乐观。

境保护方面，本项目施工期间，严格遵守环保法律法规，注重对红树林的保护，移植和栽种的红树林面积相当于砍伐面积的 5 倍。在项目的运营环保方面，本项目采取海水淡化、烟气脱硫等环保技术，环保达到国际标准。

本项目是"中巴经济走廊"重点项目，也是"中巴经济走廊"签署后首个实施的能源项目，被巴基斯坦视为"巴基斯坦 1 号工程"。本项目建成后，将极大改善巴基斯坦电力短缺现状，对巴基斯坦国家调整电力及能源结构、缓解供需矛盾、改善民生、解决劳动力人口就业和优化投资环境都具有重要的作用。

东非亚吉铁路 PPP 项目

公开资料显示，埃塞俄比亚人口 1 亿人，是联合国认定的最不发达国家之一，工业基础薄弱，经济发展主要依赖国际贸易。埃塞俄比亚 90% 以上的进出口物资依靠邻国吉布提的港口。埃塞俄比亚和吉布提曾是非洲最早拥有铁路的国家。100 多年前法国人曾在这条线路上修建过一条窄轨铁路，由于年久失修，20 世纪末两国间的铁路速度降到每小时 15 千米，且不少站段废弃。目前连接两国的两车道公路既陈旧又拥堵，走一个单程需要 10 天左右。铁路缺失、运输效率低下使得这段只有 700 多千米的黄金交通线制约了两国经济的发展，修建一条运力大、速度快的跨境铁路迫在眉睫。在此背景下，修建一条从埃塞俄比亚首都亚的斯亚贝巴到吉布提共和国的铁路（即"亚吉铁路"，以下简称"本项目"）水到渠成。吉布提方面表示，未来的吉布提将建设发展成为地区物流中心，新建一条铁路与埃塞俄比亚连接十分必要。

本项目全长 700 多千米，设计时速 120 千米、货运时速 80 千米，共设置 45 个车站，初期运能设计为 600 万吨/年，远期通过复线改造可将运量提升至 1300 万吨/年。本项目总投资约 40 亿美元（含机车车辆采购，合人民币约 267 亿元）。

本项目为新建 PPP 项目，运作模式为"EPC＋OM"，即工程总承包＋委托运营。本项目采用设计、采购、施工一体化的交钥匙模式建造，后期运营阶段采用邀请招标方式，由中国铁建所属中国土木工程集团有限公司（以下简称"中土集团"）与中国中铁联营体，对铁路进行运营管理。

本项目由中土集团与中铁二局组成的联营体为 EPC 总承包商，其中前者承建东段米埃索至吉布提约 430 千米，后者承建西段亚的斯亚贝巴至米埃索约 330

千米。本项目 2011 年底签署项目协议，2015 年 6 月全线铺通。2015 年 8 月，埃塞俄比亚铁路公司和吉布提铁路公司组成联营体对铁路运营管理权进行招标。2016 年 7 月，中土集团代表"中土集团与中国中铁联营体"与埃塞俄比亚铁路公司、吉布提铁路公司签署了"亚的斯亚贝巴—吉布提铁路运营管理服务合同"，正式签约亚吉铁路六年运营权。2016 年 10 月亚吉铁路全线通车。融资安排方面，本项目由中国进出口银行提供商业贷款共计约 29 亿美元，涵盖埃塞俄比亚段 70% 的资金和吉布提段 85% 的资金。埃塞俄比亚方和吉布提方分别为贷款向中国出口信用保险公司投保信用保证保险。北方国际合作股份有限公司负责本项目全部 1171 辆铁路机车的设计、制造和供货。

工程技术风险是 PPP 项目的风险之一。当初西方专家实地考察后认为从零海拔的吉布提到平均海拔超过 2500 米的埃塞俄比亚高原，路线经过东非大裂谷，地形复杂破碎，在基础设施落后、电力输送与基建材料供应掣肘的国家，建设一条电气化铁路是"绝不可能完成的任务"。中国工程人员克服高原缺氧、物资匮乏等困难，进行了多项技术创新，为亚吉铁路设计出了一套经济实用的建设方案。本项目劳务用工以当地人为主，项目累计在埃塞俄比亚雇用当地员工 4 万人，在吉布提雇用当地员工 5000 人以上。这不仅增加了当地就业，还为沿线国家培养了大量的瓦工、电焊工、钳工等技术工人。

本项目建成后，吉布提至亚的斯亚贝巴的运输时间将从公路运输的 7 天降至 7 小时，物流成本大大降低，运输安全性显著提高，将极大改善埃、吉两国交通基础设施现状和物流贸易效率，为埃、吉两国的经济社会发展注入强大动力。本项目还将辐射广大非洲内陆地区，推动区域协同发展。该项目被埃塞俄比亚和吉布提两国民众视为"通向未来的生命线工程"。

牙买加南北高速公路 PPP 项目

牙买加是北美洲加勒比海地区的一个岛国,西北海岸是世界著名的旅游区,随着地区经济的快速发展,旅游区与首都金斯敦之间南北通道的交通压力不断增加,现有公路不能满足通行需求。1999 年,牙买加政府启动了"Highway 2000 项目"("H2K 项目")规划,目的是通过建造安全、高效连接全国主要城市的公路轴线,为在金斯敦与牙买加主要人口集中的城市之间提供安全快速通道,促进沿线土地和旅游资源开发,提升国家基础设施和振兴经济。项目建成后,将行车时间从原来的 2 小时缩短至 45 分钟,为人员流动和物资运输提供便利,有助于开发利用牙买加资源,促进经济协调发展。

牙买加南北高速公路(以下简称"本项目")南起首都金斯敦,北至旅游城市奥乔里奥斯,全长 67.3 千米,是牙买加南北政治、经济互联互通的重要枢纽,也是牙买加历史上规模最大的交通运输类项目。本项目双向四车道,设计时速 80 千米,总投资 7.34 亿美元。

2012 年 7 月,中国交通建设股份有限公司(以下简称"中国交建")与牙买加政府正式签署了特许经营协议,中国交建以"BOT + EPC"方式承建并运营。本项目建设期 3 年,特许经营期 50 年(不含建设期)。

本项目由多家公司组成:中国交建下属中国港湾工程有限责任公司(以下简称"中国港湾")、中交国际(香港)控股有限公司、中交第一航务工程局有限公司、中交第二公路工程局有限公司、中交第二公路勘察设计研究院有限公司共同出资在巴巴多斯注册成立加勒比基础设施投资公司。该公司全资控股设立"牙买加南北高速公路公司"作为项目公司,与牙买加高速公路运营建设公司签订协议以 BOT 方式承建运营本项目。2012 年 12 月，牙买加南北高速公路公司与中国交建下属中国港湾签订 EPC 总承包协议。

在项目融资方面：本项目资本金 1.5 亿美元，其余部分采用银行贷款，国家开发银行与项目公司签署长期贷款协议。根据长期贷款协议，本项目配套资本金与贷款的比例为 1:3，项目资本金约 1.5 亿美元，贷款额度为 4.255 亿美元和 2 亿元人民币，贷款期限为 20 年，其中宽限期 3 年（含建设期），还款期为 2017～2033年。

据介绍，牙买加 H2K 高速公路南北线原由一家欧洲公司于 2007 年开始实施建设，但由于地质勘探不到位，对施工难度准备不足，在未完工的情况下停工，预算严重超标，后续就增加投资与业主、政府谈判破裂。之后，中国公司以 BOT 模式承建运营本项目。为规避项目风险，中国企业非常重视前期风险评估，并将风险分为四类。[1] 牙买加还对中方出台了激励措施，主要有：承诺提供较为优惠的收费标准和定价机制；约定项目唯一性，除非本项目交通量已饱和，牙方不可建设新的存在竞争性的公路、铁路、轻轨或升级任何现存道路；划拨公路沿线 5 平方千米经营性土地，由项目公司自主开发，开发所得收益归项目公司所有。此外，牙买加对本项目实行了多项税收优惠政策：运营期前 20 年对牙买加南北高速公路有限公司的所得税实行零税率；运营期前 25 年对投资人、承包商及分包商等实行 GCT 零税率或退税政策优惠；运营期的过路费实行零税率；从特许经营协议生效日至运营期的第 25 年止，对投资人、承包商及分包商进口与项目有关的施工设备、运输工具（小汽车除外）、材料等实行零关税；牙买加南北高速公路公司作为巴巴多斯公司的全资子公司，在向巴巴多斯公司分红时不用缴纳资本利得税，印花税、利息的预提税、不动产税、财产转让税均免除。

本项目已于 2016 年 1 月底竣工，目前已正常进入收费运营期。本项目创造了多个历史纪录：牙买加历史上最大的交通运输类项目，最大的中牙经济合作项

---

[1] 一是信用风险与政治风险，风险来源为因政权变更导致国家解体或新任政府不承认以往的债务和协议，可能影响项目资产的安全；二是市场与运营风险，风险来源为车流量和收费标准达不到预期标准、借款人管理不善和管理成本增加、自然灾害等不可抗力事件等对项目运营造成影响；三是利率与汇率风险，风险来源为项目期限较长利率与汇率变化难以预测，如发生不利变化将对项目造成一定影响；四是完工风险，风险来源为地质条件比预想复杂、牙买加本地公司施工缓慢、政府征地拆迁进度较慢和征地不连续等问题。

目，中国交建在牙买加投资的首个基础设施项目，中国企业在海外首个高速公路 PPP 项目。项目建设高效、优质、安全，多次蝉联综合考核第一，中段、南段工程连续荣获 2014 年度、2016 年度"牙买加最佳工程奖"。

本项目打通了牙买加南北经济动脉，促进了当地旅游业、物流业和工业发展，还提供了大量工作岗位，2000 多名雇员中有 1500 多名牙买加人担任了包括工人、工程师在内的各级职位，为牙买加创造了大量就业机会，从而进一步推动了牙买加经济社会的快速发展。

参考文献

［1］贾康．"一带一路"建设应运用 PPP［J］．经济，2014（11）．

［2］唐宝印．深入开展经济技术创新　推动企业持续健康发展［J］．中国职工教育，2012（1）．

［3］金钢．本土化：中国企业跨国经营的重要战略［J］．国际经济合作，2013（5）．

［4］柴鹏．海外工程项目劳工管理［J］．工程建筑，2013（5）．

［5］陈勇强，张水波，吕文学．FIDIC 2017 版系列合同条件主要修订分析［J］．国际经济合作，2018（5）．

［6］朱星宇，陈勇强，赵珊珊，张玲．FIDIC 2017 版三本合同条件比较分析［DB/OL］．http：//atsspm.ezweb2－2.35.com/xinwenzhongxin－112704－7229－item－82733.html，2018－06－19．

［7］梁舰，朱中华，吕春妹．FIDIC 合同条件与中国企业"走出去"［DB/OL］．http：//www.fecn.net/2016/0328/157515.html．

［8］段泽锋．中国企业境外承揽工程的法律风险识别及防范［DB/OL］．http：//www.sohu.com/a/221458778_99999896，2018－02－07．

［9］高洋．一位资深涉外律师谈海外投资失败失利的 32 大原因［DB/OL］．www.faniuwenda.com/paid/news/index/id/5093.html，2017－07－03．

［10］隋钰冰，陈慧．加拿大 PPP 项目的三大成功经验［J］．人民论坛，2017（31）：204－205．

［11］贾怀远，佟刚．海外工程承包如何升级国际 PPP 模式［J］．海外投资

与出口信贷，2015（2）.

　　[12] 韩雷杰，张水波，王秀芹. 全球 PPP 基础设施采购最新发展：世界银行 2018 年报告要点 [DB/OL] . http：//www. sohu. com/a/246945470_ 444154，2018 - 08 - 13.

　　[13] 张一鸣. 发挥 PPP 创新作用弥补"一带一路"资金缺口 [N] . 中国经济时报，2017 - 05 - 09（10）.

　　[14] 梁敏. 央企参与"一带一路"建设成绩单亮相 [N] . 上海证券报，2017 - 05 - 09（7）.

　　[15] 杨曦，夏晓伦. 中企打造科伦坡港口新城　建海上丝绸之路标杆项目 [N] . 人民日报，2017 - 02 - 03（7）.

　　[16] 郑春贤. 中国企业走向"一带一路"的法律风险及防范 [DB/OL] . http：//www. jmwhw. com/news/shownews. php？ lang = cn&id = 514，2017 - 06 - 14.

　　[17] 李爱玲. "一带一路"提出历程 [N] . 前线，2015 - 04 - 08（220）.

　　[18] 李铮. 卡西姆电站项目风险控制纪实 [DB/OL] . http：//opinion. hexun. com/2016 - 07 - 21/185074842. html，2016 - 07 - 21.

　　[19] 邱海峰. 中国助力全球绿色金融发展　绿色理念融入"一带一路" [N] . 人民日报（海外版），2017 - 04 - 10（9）.

　　[20] 张茉楠. 如何构筑"一带一路"下的 PPP 合作新模式 [DB/OL] . http：//finance. sina. com. cn/roll/20150805/222722886787. shtml，2015 - 08 - 05.

　　[21] 杨光普，孟春. 助力"一带一路"PPP 模式大有可为 [DB/OL] . http：//www. ce. cn/xwzx/gnsz/gdxw/201705/14/t20170514 _ 22791211. shtml，2017 - 09 - 28.

　　[22] 孙洁，娄燕妮. 一带一路中 PPP 模式必行之势：对接融资缺口 [DB/OL] . http：//finance. sina. com. cn/roll/2017 - 04 - 25/doc - ifyepsra5443595. shtml，2017 - 04 - 25.

　　[23] 齐正平. "一带一路"能源研究报告（2017） [DB/OL] . http：//www. chinapower. com. cn/moments/20170516/77097. html，2017 - 05 - 16.

　　[24] 马屹. "一带一路"建设与商事争议解决机制 [J] . 东方律师，

2016，1（12）．

［25］王忆南．一带一路和 PPP 重点问题分析——争议解决机制［DB/OL］．http：//guoji. caigou2003. com/anlifenxi/2878032. html，2017 - 04 - 21．

［26］陈然．中企入股斯里兰卡汉班托塔港　特许经营协议为期 99 年［N］．人民日报（海外版），2017 - 07 - 26（6）．

［27］肖光睿，王忆南．"数"说一带一路 PPP 机会［DB/OL］．http：//guoji. caigou2003. com/guojijiaoliu/2925284. html，2017 - 10 - 01．

［28］周蕾．"一带一路" PPP 热潮下的冷思考［J］．国际工程与劳务，2015（10）：20 - 23．